Die eheliche Pflicht

Ein ärztlicher Führer aus Uromas Zeiten

Die eheliche Pflicht

Ein ärztlicher Führer zu heilsamem Verständnis und notwendigem Wissen im ehelichen Leben.

Von Dr. Karl Weißbrodt.

3. Reprint-Auflage
Königswinter 2005
HEEL Verlag GmbH
herausgegeben von:
Dieter Hantke

Design und Neugestaltung:
Dieter Hantke

Impressum
HEEL Verlag GmbH
Gut Pottscheidt
53639 Königswinter
Telefon 0 22 23/92 30-0
Telefax 0 22 23/92 30-26
E-Mail: info@heel-verlag.de
Internet: www.heel-verlag.de

Bildrechte: Harenberg Kommunikation, Dortmund
Erfasst durch: digi-texx GbR, Herrsching
Lektorat: Petra Hundacker
Satz: Grafikbüro Schumacher, Königswinter
Druck und Verarbeitung: D + L Reichenberg GmbH, Bocholt
Wiederentdeckt von Dieter Hantke

Printed in Germany
ISBN 3-89880-483-6

Vorwort

Als ich im Jahre 1879 das vorliegende Schriftchen verfasste, ging ich von der Überzeugung aus, dass ein solches Buch einem wahrhaft dringenden Bedürfnis entspreche, trotz der großen Menge von so genannten volkstümlichen Werken, die den gleichen Gegenstand behandeln, ja sogar gerade mit Rücksicht auf die wuchernde Überfülle der Literatur dieser Sorte. Die Aufnahme, welche mein Buch seither namentlich in geistlichen Kreisen und bei der Frauenwelt gefunden hat, darf wohl als ein vollgültiger Beweis dafür angesehen werden, dass mich meine Überzeugung nicht getäuscht hat; meine Schrift über die eheliche Pflicht hat sich in der Tat als ein in den maßgebendsten Kreisen tief empfundenes Bedürfnis herausgestellt, und zwar nach zwei Richtungen hin. Es hat sich einerseits gezeigt, dass man in den Kreisen pflichteifriger Seelsorger und einsichtsvoller Frauen und Mütter, denen mit Bezug auf das sittliche Leben in der Gesellschaft und in der Familie zweifellos die gewichtigste Stimme zuerkannt werden muss, völlig durchdrungen ist von der Notwendigkeit, den herangereiften jungen Leuten, insbesondere aber denjenigen, die im Begriffe stehen, in den Stand der heiligen Ehe zu treten oder die wohl gar diesen wichtigsten Schritt des Lebens getan haben, ohne über die wahre Bedeutung und hohe Wichtigkeit desselben genügend unterrichtet zu sein, eine eingehende Belehrung über die geschlechtlichen Verhältnisse und das Eheleben angedeihen zu lassen. Andererseits hat mir die beifällige Aufnahme meiner Schrift in diesen Kreisen deutlich bewiesen, dass man in denselben das Bedürfnis einer solchen Belehrung durch die bereits in großer Zahl vorhandenen Bücher über das Eheleben keineswegs als befriedigt betrachtet, sondern im Gegenteil gefunden hat, dass diese Bücher in ihrer übergroßen Mehrzahl weit eher Schaden anstiften als Nutzen bringen können, weil ihnen der sittliche Ernst fehlt, weil sie nicht das Eheleben im christlichen Sinne, sondern lediglich das Geschlechtsleben im rein materiellen Sinne behandeln. Statt den jugendlichen Leser über das wahre Wesen der christlichen Ehe und die hohe sittliche Weihe, welche dieselbe dem geschlechtlichen Zusammenleben verleiht, zu belehren, vermögen solche Bücher nur dessen Aufmerksamkeit auf einen Gegenstand hinzulenken, der zunächst doch nur feine Einbildungskraft beschäftigen kann und unlautere Triebe und Gelüste in ihm zu erregen vermag.

Was könnte unser junges Volk aus einem derartigen Buche Nützliches lernen? Im besten Falle fordert ein solches die Kenntnis der anatomischen, physiologischen und biologischen Einzelheiten des Geschlechtslebens, niemals aber die Erkenntnis der wahren, sittlichen Bedeutung des Ehelebens. Der gewaltige Unterschied, der zwischen Geschlechts- und Eheleben besteht, wird den Lesern solcher Bücher niemals klar werden; das Verständnis desselben, das dem Christenmenschen, wenn auch nur als schlummernde Ahnung, von Kindheit auf ins Herz gelegt ist, und das sich schon dadurch offenbart, dass junge Leute von anständiger Denkweise, denen die Geheimnisse des Geschlechtslebens nichts Unbekanntes mehr sind, nichtsdestoweniger ihre Eltern mit unveränderter kindlicher Ehrfurcht betrachten - dieses sozusagen instinktive Verständnis für die Heiligkeit des Ehelebens wird und muss vielmehr durch den zynischen Indifferentismus solcher so genannter wissenschaftlicher Abhandlungen über Wesen, Bestimmung und gegenseitiges Verhältnis der Geschlechter ohne Rücksicht auf deren Heiligung durch die Ehe verwischt werden. Wird aber erst die Ehe dadurch entheiligt, dass man sie als ein bloßes Mittel zum Zweck der Befriedigung des Geschlechtstriebes hinstellt, dann wird auch das Familienleben nicht von den verheerenden Einflüssen einer solchen materialistischen Anschauungsweise verschont bleiben. Das Heiligtum des

Ehebettes wird entweiht werden durch malthustanische Spekulationen*), wie das in Frankreich tatsächlich schon längst der Fall ist; der Kindersegen wird nicht mehr als eine Gabe Gottes geschätzt, sondern als eine nüchterne wirtschaftliche Frage aufgefasst und der Zeugungsakt nach Vermögens- und Budgetrücksichten rein kalkulatorisch geregelt werden. Der Mann von Welt, der im Geschlechtsleben nichts anderes als den Genuss sucht, wird sich über die Unbequemlichkeit, welche die fortwährende Rücksichtnahme auf ein solches Kalkül

---

*) Der englische Nationalökonom Thomas Robert Malthus [1766-1834] hatte den Satz aufgestellt, dass die Bevölkerung sich rascher vermehre als die zu ihrer Ernährung erforderlichen Naturprodukte. Aus diesem Lehrsatz hat man ein förmliches System - den so genannten Malthustanismus - heraus konstruiert, welches auf Herabminderung der Kinderzahl, also auf eine künstliche Unterdrückung der ehelichen Fruchtbarkeit abzielt, und das u. a. in Frankreich als so genanntes „Zweikindersystem" zu ganz allgemeiner praktischer Anwendung gelangt ist.

mit sich bringt, leicht hinwegsetzen, indem er - statt der ehelichen - geschlechtliche Freuden außerhalb des Hauses sucht; die Frau, lediglich als ein Bevölkerungsmittel betrachtet und behandelt, wird sich von ihrer Würde als Gattin und Mutter die geringe Meinung bilden, die solchen Verhältnissen entspricht, und das Recht, in dieser Hinsicht nicht christlich-sittlich, sondern „rein menschlich", d. h. menschlich-tierisch denken und fühlen zu dürfen, auch für sich in Anspruch nehmen; die Kinder, das Produkt eines Rechenexempels, einer Art sozialtheoretischer Züchtung - welch eine Familie! Kann man sich da wundern, wenn alles, was Überlieferung, Religion, Poesie und Kunst dem Familienleben an Schönheit und Erhabenheit verliehen haben, allmählich verschwindet, wenn in den Familien der Vornehmen nichts mehr als der konventionelle Ton sozialer Oberflächlichkeit bei tiefster Zerrüttung und oft genug völliger Vernichtung des sittlichen Gefühles herrscht, in jenen der Armen Verrohung und bestialische Sittenlosigkeit immer mehr einreißen – wenn der Ehebruch zu einem Typus des gesellschaftlichen Lebens wird und das Laster Bürgerrecht erlangt in allen Kreisen?!

Angesichts solcher Zustände und bedrohlicher Aussichten erscheint es doch wohl gewiss gerechtfertigt, wenn der Versuch unternommen wird, den christlichen Charakter unseres Ehelebens wieder zum Bewusstsein des Volkes, insbesondere der jungen Welt zu bringen, und zwar in Verbindung mit einer Belehrung über das Wesen der Ehe in ärztlichem Sinne, d. h. über die Vorbedingungen einer auch in leiblichem Sinne ersprießlichen Ehe, und über die Grundsätze, deren gewissenhafte Befolgung allein ein gesundes und glückliches Eheleben herbeiführen kann.

Es gereicht mir zur frohen Genugtuung, dass mein nach dieser Richtung vor fünfzehn Jahren unternommener Versuch den Beifall der Berufensten gefunden hat und dass mein anspruchsloses Buch in der Hochflut von Schriften, die dem sachlichen Inhalte nach der meinigen zwar ähnlich, in

Tendenz und Auffassung aber von derselben grundverschieden sind, nicht unbeachtet untergegangen ist, sondern im Gegenteil eine recht erfreuliche Verbreitung gefunden hat.

Indem ich mein Werk nunmehr in fünfter neu durchgesehener Auflage der Öffentlichkeit übergebe, kann ich den Wunsch nur wiederholen, den ich ihm bereits bei seinem ersten Erscheinen mit auf den Weg gegeben habe: Möge es geeignet sein, als ein bescheidenes Senfkorn auf den Boden der christlichen Familie ausgestreut, zum mächtigen Baum zu erwachsen und Glück und Segen denen zu bringen, die sich seiner Führung anvertrauen!

DR. KARL WEISSBRODT.

Erster Teil.

Von der Heiligkeit des Ehebettes.

Erstes Kapitel.

Die Schöpfung der Arten und ihre Erhaltung.

Wie wir im ersten Buch Mose lesen, hat der allmächtige und allweise Schöpfer des Weltalls, nachdem er die Tiere des Wassers, des Landes und der Luft, ein jegliches nach seiner Art, erschaffen hatte, dieselben mit den Worten gesegnet: „Seid fruchtbar und mehret Euch!“ [1., 22.] In gleicher Weise hatte Gott schon vorher, am dritten Schöpfungstage, die Pflanzenwelt geschaffen und ihr die Fähigkeit verliehen, für ihren dauernden Fortbestand selbst zu sorgen, indem er jeglicher Art ihren eigenen Samen mitgab, auf dass sie nach ihrer Art Frucht trage und ihresgleichen hervorbringe. Als dann der Herr am sechsten Schöpfungstage sein Werk durch die Erschaffung des Menschen krönte, da verfuhr er ebenso, wie dies bei den Pflanzen und Tieren geschehen; er schuf ein Männlein und ein Fräulein und segnete sie und sprach zu ihnen: „Seid fruchtbar und mehret Euch, und füllet die Erde." [1., 27, 28.]

Soweit wir Menschen überhaupt imstande sind, die Schöpfung zu begreifen und den göttlichen Gedanken, der derselben innewohnt, nach menschlicher Denkweise zu erfassen, können wir dieser Anordnung nur eine Deutung geben: Alles Leben kommt von Gott, alles göttliche Leben ist aber unsterblich. Auch der sterblichen Kreatur ist göttliches d. h. unsterbliches Leben gegeben, jenes Leben, das ein Teil von der schöpferischen Kraft Gottes, also unversiegbar und ewig wie diese selbst ist; die einzelne Kreatur ist an sich sterblich, trägt aber ungezählte Lebenskeime in sich, die zur Erhaltung ihrer Art dienen. Indem Gott die ersten Lebewesen schuf und sie fruchtbar d. h. fähig machte, ihre

Art fortzupflanzen, hat er zugleich die ganze Lebewelt aller Zeiten geschaffen. Die Fortpflanzungsfähigkeit der Kreatur ist deren Anteil an der Erhaltung der Arten; durch sie wirkt das einzelne Geschöpf mit an der Durchführung des Schöpfungsplanes.

Die neuzeitige materialistische Weltanschauung hat für Gott und Schöpfung andere Begriffe gesetzt, indem sie als die Elemente der Natur „Kraft" und „Stoff" bezeichnet. Die „Kraft" ist aber nichts anderes als Gott, der Odem des ewigen, göttlichen Lebens, der das ganze Weltall durchdringt und beseelt; der „Stoff" dagegen, das sind die Geschöpfe. Jene bleibt ewig unveränderlich und offenbart sich uns in den ewig unveränderlichen Naturgesetzen; diese, als Einzelwesen betrachtet, wechseln ohne Unterlass und lösen sich nach kürzerem oder längerem Dasein in ihre ursprünglichen Bestandteile auf, aus denen wieder neue Bildungen hervorgehen. Dies gilt eben sowohl von den Stoffen der unbelebten Natur wie von den Lebewesen, nur mit dem Unterschiede, dass sich die Neubildungen bei jenen lediglich auf chemischem, bei diesem aber auch auf dem Wege der Fortpflanzung vollziehen. Durch chemische Neubildung entstehen ungleichartige, durch Fortpflanzung gleichartige Produkte; jene sind und bleiben unbelebt, diese tragen den durch das Schöpfungswerk entzündeten, unvergänglichen Lebensfunken in sich, der seit dem Entstehen der ersten Lebewesen nicht mehr erloschen ist und auch nimmer erlöschen wird, solange es dem Schöpfer gefällt, die gegenwärtige Weltordnung fortbestehen zu lassen. Die Arterhaltung ist das Bindeglied zwischen Schöpfung und Geschöpfen, eine Ergänzung der ersteren unter Mitwirkung der letzteren; sie spielt daher unbestreitbar die wichtigste Rolle im Dasein der Lebewesen.

Die Erhaltung der Art vollzieht sich bei den verschiedenen Arten von Lebewesen auf sehr verschiedene Weise. Bei den niedrigsten Organismen geschieht sie einfach durch Teilung eines Einzelwesens in mehrere; diese gehen also in der Erfüllung

275

des Arterhaltungszweckes völlig auf, und man kann daher mit Recht sagen, dass dieser Zweck zugleich der einzige ihres Daseins ist. Eine andere Form der Fortpflanzung ist diejenige der Sprossung oder Knospung, wobei das Muttertier erhalten bleibt und die neuen Organismen aus Wucherungen an verschiedenen Körperstellen der ersteren hervorgehen. Die Fortpflanzung geschieht des Ferneren durch Keimbildung im Innern des mütterlichen Organismus, der sich dabei bisweilen völlig in Keimkörner auflöst, aus denen dann neue Individuen entstehen; häufiger wandelt sich aber nur ein Teil des Mutterkörpers in Keimkörper um, auch sind bestimmte zur Fortpflanzung dienende Organe vorhanden, aus denen die Keimkörner hervorgehen. Als die vollkommenste Form der Fortpflanzung sehen wir die geschlechtliche an, wobei stets zweierlei verschiedene Keime gebildet werden, deren gegenseitige Einwirkung zur Entwicklung eines neuen Lebewesen unbedingt erforderlich ist. Die geschlechtliche Fortpflanzung vollzieht sich entweder im Körper eines und desselben Einzelwesens, das Keime von beiderlei Art [Ei- und Samenzellen] in sich schließt [Hermaphroditismus], oder durch Begattung zweier Einzelwesen der gleichen Art, deren jedes mit besonderen Fortpflanzungs- oder Zeugungs-Organen ausgestattet ist.

Der göttliche Macht- und Segensspruch „Seid fruchtbar und mehret Euch!" ist für alle Lebewesen ausgesprochen worden, und wie verschiedenartig auch die Mittel sein mögen, die zur Erreichung des Fortpflanzungszweckes den einzelnen Arten verliehen sind, so kann doch kein Zweifel darüber bestehen, dass sie ausschließlich für diesen Zweck bestimmt und geschaffen sind.

Wir können im Naturleben allenthalben beobachten, dass die Fortpflanzung als das Mittel zur Arterhaltung, neben denjenigen Verrichtungen der einzelnen Lebewesen, die zu ihrer Selbsterhaltung dienen, die wichtigste Rolle spielt, ja dass sie sich vielfach auf Kosten der Einzelwesen vollzieht, den Zweck der Arterhaltung somit noch über denjenigen der Selbsterhaltung stellt. Bei den auf niedrigerer Entwicklungsstufe stehenden Arten geschieht die Fortpflanzung ganz ohne die bewusste Mitwirkung der Stammwesen; sie ist also völlig unabhängig von dem Willen der letzteren. Bei den zu geschlechtlicher Fortpflanzung eingerichteten Geschöpfen ist – vom Hermaphroditismus abgesehen – die bewusste Mitwirkung der Stammwesen im so genannten Zeugungsakte erforderlich; allein der eigene, freie Wille des Zeugenden spielt auch hier nur eine sehr untergeordnete Rolle und wird selbst bei den am höchsten entwickelten Tieren durch den instinktiven Geschlechtstrieb ersetzt, der sich zu bestimmten Zeiten und unter der Einwirkung von Verhältnissen äußert, die vom Willen der betreffenden Wesen ganz unabhängig sind. Wir sehen hieraus, dass die Arterhaltung eine Naturnotwendigkeit ist, der das Einzelwesen nur als Mittel zum Zwecke dient und der es sich mit mehr oder weniger Verleugnung seines Selbsterhaltungstriebes unterwerfen muss. Der Schmetterling, der zur Ausübung des Fortpflanzungsgeschäftes eine besondere Gestalt annimmt und zu Grunde geht, sobald er die Aufgabe der Arterhaltung erfüllt hat, zeigt uns so recht deutlich, dass sein ganzer Lebenszweck eben diese letztere ist. Wie verhält es sich nun in dieser Beziehung mit dem Menschen?

Der Mensch nimmt vor allen Lebewesen der Erde eine hochbevorzugte Stellung ein, die durch das Bibelwort: „Und Gott schuf den Menschen ihm zum Bilde, zum Bilde Gottes schuf er ihn" [1. Buch Mose 1, 27] zu lebendigem Ausdrucke kommt. Die selbstständige Tätigkeit aller übrigen lebenden Geschöpfe erstreckt sich nicht über die Sorge für die unmittelbaren Bedürfnisse der Selbst- und Arterhaltung hinaus; der Mensch hat dagegen das Bestreben und in hohem Grade auch die Fähigkeit, sich unabhängig zu machen von dem Gesichts- und Wirkungskreise des Alltagslebens, sein Denken weit über die Dinge in seiner nächsten Umgebung, über die Sorge um die Bedürfnisse des Augenblickes hinausschweifen zu lassen; sein Forschen und Streben umfasst nicht nur die ganze Erde, sondern verliert sich in die unermesslichen Tiefen des Weltalls, und überall sucht es nach dem allumfassenden, göttlichen Geiste, aus dem es sich selbst geboren weiß. Diese bewusste Gotteskindschaft ist es, die dem Menschen seinen Adel verleiht, die ihn hoch, hoch erhebt über alles, was neben ihm auf Erden wandelt. Körperlich hängt er mit der Scholle zusammen, auf der er lebt, ist er den gleichen Naturgesetzen unterworfen wie alle übrigen Geschöpfe; geistig ist er dagegen himmelweit unterschieden von diesen und zur Herrschaft über sie alle berufen. Und diese geistige Überlegenheit offenbart sich auch in seinem Verhältnis zur Natur. Wohl vollziehen sich seine Lebensfunktionen unter denselben Bedingungen wie diejenigen der hinsichtlich der Einrichtung seines Organismus ihm am nächsten stehenden Tiere, soweit dieselben nicht von seinem freien Willen abhängig sind; wo aber dieser zur Geltung kommt, wo die mechanische und chemische Selbsttätigkeit des Organismus hinter das zielbewusste

Handeln zurücktreten muss, wo die Einwirkung des Willens auf seine Lebensführung zur Geltung kommt, da erscheint der Mensch sofort als ein völlig eigenartiges, als ein höheres, alle übrigen Geschöpfe weit überragendes Wesen.

Dass der Mensch bei Mangel an sittlicher Erziehung, geistiger Bildung und religiösem Sinn auf einer niedrigen Entwicklungsstufe stehen bleibt und sich in diesem Falle nur wenig vom Tier unterscheidet, spricht nicht gegen, sondern vielmehr gerade für das Obengesagte; denn nicht in der tierischen Natur, die in diesem Falle den Geist überwuchert und mehr oder weniger erstickt, sondern in der Fähigkeit geistiger Entwicklung offenbart sich die Gotteskindschaft des Menschen, und wenn diese Fähigkeit brachliegen bleibt oder der Verwilderung preisgegeben wird, so wird damit alles hinfällig, was den Menschen vom Tier unterscheidet und ihn „zum Bilde Gottes" macht.

Auch der Mensch ist dem Gesetze der Arterhaltung unterworfen; auch ihm ist durch die Einrichtung seines Organismus die Art und Weise, in der er die Fortpflanzung seines Geschlechtes zu bewerkstelligen hat, genau vorgeschrieben. Allein er unterscheidet sich schon dadurch wesentlich von den Tieren, dass der Zeugungs- oder Geschlechtstrieb bei ihm nicht von bestimmten Zeiten und Umständen abhängig ist, ein wichtiger Umstand, auf den wir noch später zu sprechen kommen werden. Ferner wird der Geschlechtstrieb des normalen Menschen [wohl zu unterscheiden vom Lüstling und Wüstling, der noch tief unter dem, nach Naturnotwendigkeit blindlings seinem Brunsttriebe folgenden Tiere steht] durch die dem Tiere fremden Gefühle der Schamhaftigkeit und der Liebe in Schranken gehalten, veredelt und gewissermaßen vergeistigt. Endlich hat der Mensch eine Institution geschaffen, die für ihn das natürliche Gesetz der Arterhaltung zugleich zu einem gesellschaftlichen und Sittengesetze von höchster Bedeutung erhebt, eine Institution, welche die Grundlage unseres ganzen Volks- und Staatslebens bildet: diese Institution ist die Ehe.

Zweites Kapitel.

Die Ehe und der Sündenfall.

Wie bereits am Eingange des ersten Kapitels erwähnt worden ist, hat der Schöpfer selbst das erste Menschenpaar mit dem Segensspruche in das Erdendasein eingeführt: „Seid fruchtbar und mehret Euch." Er hat damit den ersten Ehebund gestiftet und geheiligt. Trotzdem hat es zu keiner Zeit in und außer der christlichen Kirche an Sittenlehrern und Anhängern von solchen gefehlt, welche die Ehe, um des Ehebettes d. h. der ehelichen Beiwohnung willen, entweder ganz verworfen, oder doch, im Vergleich mit Ehelosigkeit, als einen Stand geistlicher Unvollkommenheit, als ein Hindernis in der Heiligung betrachtet haben.

In die christliche Kirche hat diese Anschauungsweise schon zur Zeit ihrer Entstehung Eingang gefunden, obgleich die Lehre Christi, weit entfernt, die Ehe als etwas Unheiliges anzusehen, dieselbe vielmehr als eine uralte, heilige Gottesordnung anerkennt. Man darf eben nicht vergessen, dass das Christentum im Orient entstanden ist, wo allgemein die Vielweiberei herrschte und das Verhältnis zwischen Mann und Weib mehr dasjenige eines Herrn zu seinen Dienerinnen als das einer lebenslänglichen Vereinigung zwischen Gleichgestellten war. Daraus allein ist es zu erklären, dass der Apostel Paulus die Ehe mehr als ein notwendiges Übel, denn als einen geheiligten Bund betrachtete; in der Tat werden unter den damaligen Verhältnissen nur sehr wenige Ehen wahrhaft glücklich und im christlichen Sinne unserer Zeit heilig gewesen sein, sodass es wohl zu verstehen ist, dass derselbe Apostel, welcher in seinem 1. Briefe an Timotheus [4. Kapitel, 1] das Verbot der Ehe als eine Teufelslehre bezeichnet hat, in seinem 1. Briefe an die Korinther [2. Kap., 1] die Meinung ausspricht, es wäre dem Menschen gut, dass er keine Weibsperson berührte, und [im 8., 37. und 40. Vers desselben Kapitels] erklärt, dass die Unverheirateten wohl tun, unverheiratet zu bleiben. Zu dieser Anschauung trug übrigens auch, wie Paulus selbst [im 26. und 28. Vers des angeführten Kapitels des 1. Korinther-Briefes] erwähnt, die schwere Not der Zeit bei, in welcher er gelebt hat. In welchem Sinne dann später die christliche Kirche - die orientalische ebenso wohl wie die katholische - die paulinischen Ansichten betreffs der Vorteile der Ehelosigkeit aufgefasst und weiter ausgebaut hat, ist bekannt; die orientalische Kirche fordert von ihrer höheren Geistlichkeit, die katholische von ihrer gesamten Priesterschaft die Ehelosigkeit, und beide erkennen dem klösterlichen Leben einen besonders heilsamen Einfluss auf das Seelenheil zu. Diese Anschauung stützt sich [soweit sie ihren Ursprung nicht in dem, in allen nicht auf bloßen Natur-

dienst beschränkten Religionen und ganz besonders im Orient vorkommenden Asketentum*) hat] auf die gleichfalls vom Apostel Paulus vertretene Ansicht, dass mit der Ehe irdische Sorgen verbunden sind, welche vom Dienste Gottes abziehen. In seinem schon erwähnten 1. Brief an die Korinther [7. Kap., 32, 33] sagt der Apostel: „Wer ohne Frau ist, der sorgt nur für das, was den Herrn angeht und wie er Gott gefalle; wer aber eine Frau hat, der sorgt für das Irdische, wie er seinem Weibe gefalle; und ist geteilt." Das heißt mit anderen Worten: Wer sich dem Dienste Gottes [und zwar in jenem Sinne, wie er in der damaligen Zeit des

*) Die Askese, soviel wie Übung in der Enthaltsamkeit, wurde ursprünglich von den Athleten behufs Erlangung und Erhaltung besonderer Körperkräfte als Vorbereitung zu den Kampfspielen geübt; im geistlichen Sinne besteht sie in Bußübungen äußerlicher und innerlicher Natur, in Beten, Fasten, Enthaltung vom Geschlechtsleben, Verzicht auf irdische Schätze und Genüsse aller Art zum Behufe einer fortdauernden Läuterung der Seele von aller irdischen Begehrlichkeit.

begeisterten Aufstrebens des jungen Christentums und seiner Bedrängung durch Juden und Römer verstanden war, nämlich im Sinne eines opferfreudigen Einstehens mit Freiheit, Gut und Blut für den neu errungenen Glauben] voll und ganz widmen will, der soll sich von allen irdischen Fesseln frei halten, allem entsagen, was ihn an diese Welt binden könnte, um jeden Augenblick frohmütig bereit zu sein, für seinen Glauben zu streiten, zu leiden und auch zu sterben und sich dadurch ein besonderes Verdienst um Gott und die Kirche zu erwerben. Die schweren Kämpfe, welche die christliche Kirche in den ersten Jahrhunderten ihres Bestehens durchzumachen hatte, rechtfertigten diesen Standpunkt; die Ehelosigkeit erschien gewissermaßen als eine Vorbedingung zur Erlangung der für einen richtigen Glaubensboten und Gottesstreiter erforderlichen Eigenschaften. Dadurch kam aber die priesterliche Ehelosigkeit zu hohem Ansehen, und später, als der Bestand der Kirche gesichert war, behielt man sie eben um dieses Ansehens willen bei und erhob sie zum Gesetze. Christus selbst hat durch seinen bei Lucas [20. Kap., 34] verzeichneten Ausspruch „Die Kinder dieser Welt heiraten und werden geheiratet" nur den Gegensatz zwischen dem irdischen und dem ewigen Leben kennzeichnen wollen und nirgends das Zölibat [den Stand der Ehelosigkeit] für seine Nachfolger verlangt; Petrus und andere Apostel waren verheiratet, und Paulus, der unverehelicht war und die Ehelosigkeit, wie bereits erwähnt, als einen glücklicheren Zustand angesehen hat, ordnet in seinem 1. Hirtenbriefe an Timotheus [3. Kap., 4] und in dem Sendschreiben an Titus [3. Kap., 6] ausdrücklich an, dass der Bischof „Eines Weibes Mann" sein solle, um als Familienvater seiner Gemeinde als Vorbild voranzuleuchten. Die evangelische Kirche hat an dieser Anschauung festgehalten und ihren Geistlichen die bürgerliche Freiheit, das Recht, sich einen Hausstand zu gründen und als Mitglieder der Gemeinde in und mit dieser zu leben, zurückgegeben. Aber auch die katholische Kirche, die in Bezug auf die Forderung der priesterlichen Ehelosigkeit am weitesten gegangen ist, erkennt darum doch nicht minder die Heiligkeit der Ehe an und hat ihr sogar die göttliche Weihe eines Sakramentes beigelegt.

Aus dem bisher Gesagten geht hervor:

1. dass die Heiligkeit der Ehe weder von Christus selbst, noch von Seite seiner Apostel oder von irgendeiner der christlichen Kirchen jemals in Zweifel gezogen worden ist;

2. dass die priesterliche Ehelosigkeit, wie sie in der katholischen und teilweise in der orientalischen Kirche gesetzlich geboten ist, keineswegs die Bedeutung eines Gegensatzes zwischen Ehe und Heiligkeit hat, sondern ihre Einführung und Aufrechterhaltung Gründen verdankt, die mit der Lehre Christi als solcher nichts zu schaffen haben;

3. dass die Ehe von der ganzen christlichen Kirche als eine kirchliche Einrichtung betrachtet und behandelt wird.

Hören wir, was uns die heilige Schrift selbst über die Einsetzung und das Wesen der Ehe lehrt:

Gott der Herr schuf die ersten Menschen Eins nach dem Andern, und Eins aus dem Andern. Den Leib Adams hatte er aus Erdenstaub gebildet, das Weib aber bildete er aus einem Stück Fleisch aus des Mannes Seite. „Er schuf sie - so heißt es - ein Männlein und ein Fräulein. - Es waren also zwei Personen, nicht bloß eine, welche als Mann und Weib gleich anfangs geschaffen wurden. Den Zweck dieser Doppelschöpfung hat der Schöpfer, wie bereits erwähnt, durch den Segensspruch: „Seid fruchtbar und mehret Euch!" klar und deutlich kund gegeben.

Als Gott nach dem Sündenfalle Gericht mit den ersten Sündern hielt, wurde dem Weibe, als Folge und Strafe für die Verführung ihres Mannes, schmerzliches Kindergebären und untertänige Abhängigkeit von dem Manne angekündigt [1. Mos. 3, 16]. „Ich will Dir viele Schmerzen machen, wenn Du schwanger wirst", sprach der Herr. „Du sollst mit Schmerzen Kinder gebären, und Dein Wille soll Deinem Manne unterworfen sein, und er soll Dein Herr sein."

Es wäre aber töricht, deshalb anzunehmen, die Art der Fortpflanzung, wie sie dem Menschen gegeben ist, sei als eine Strafe für den Sündenfall über ihn verhängt worden, und ohne den Sündenfall hätte sich die Fortpflanzung des Menschengeschlechtes auf eine andere, von den höheren Tieren verschiedene Art und Weise vollzogen. Diese Auffassung hätte nur dann eine Berechtigung, wenn angenommen werden könnte, dass Gott der Herr den Menschen ursprünglich nicht bloß mit einer unsterblichen Seele, sondern auch mit einem unsterblichen Leibe habe erschaffen wollen, in welchem Falle die Fortpflanzung zum Behufe der Erhaltung des Menschengeschlechtes und die Ausstattung dieses letzteren mit hierzu geeigneten Zeugungsorganen gar nicht notwendig gewesen wäre. Dies ist aber nicht der Fall, denn Gott sprach zu Adam: „Im Schweiß Deines Angesichtes sollst Du Dein Brot essen bis dass Du wieder zu Erde werdest, davon Du genommen bist. Denn Du bist Erde und sollst zu Erde werden." [1. Mos. 3, 9.] Adams Strafe für den Sündenfall war somit bloß die harte, schwere Arbeit, nicht die Verurteilung zur Sterblichkeit des Leibes, welche der Herr bei Ankündigung des Strafurteiles als etwas Selbstverständliches hinstellte. Überdies darf eines nicht übersehen werden: Bloß Eva, als die Verführerin, ward durch die Schmerzhaftigkeit des Gebärens bestraft*), Adam ging dagegen in die-

*) Das ist indes keineswegs in rein physischem Sinne zu verstehen. Der Gebärakt des Weibes ist weder schmerzhafter noch schwerer als derjenige der mit ähnlichen Organen ausgestatteten höheren Säugetiere, auf welche sich die Folgen des Sündenfalls des ersten Menschenpaares doch gewiss nicht ausgedehnt haben werden. Vielmehr ist anzunehmen, dass die Verbannung aus der beseligenden und wundertätigen Nähe des Herrn und die Gewissensqualen, welche der ersten Menschenmutter bei jeder neuen Geburt das Bewusstsein erwecken musste, dass sie nicht nur für sich und ihren Gatten, sondern auch für ihre Kinder und Kindeskinder die Freuden des Para-

ser Beziehung völlig straffrei aus. Es könnte somit höchstens der weibliche Anteil an dem Fortpflanzungswerke als eine unreine, sündhafte Folge des Sündenfalls im Paradiese angesehen werden, der männliche Anteil an demselben wäre dagegen frei von diesem Makel. Kann dies aber im Sinne des göttlichen Strafgerichtes gelegen haben? Nun und nimmermehr! Gott der Herr hat vielmehr durch seinen Urteilsspruch nur einem jeden Teile des ersten menschlichen Ehepaares seinen Anteil an den gemeinschaftlichen Mühen und Plagen der Verbannung aus der gnadenreichen Nähe und unmittelbaren Anschauung seiner höchsten Person überweisen wollen; er hat ihnen sagen wollen: das zeitliche wie ewige Menschenleben ist nur glückselig in mei-

---

dieses durch ihren Sündenfall verwirkt habe, die Pein des Geburtsaktes verstärkte und in ihrer ganzen Bitterkeit wirken ließ, ebenso wie für den Mann nicht die Arbeit an sich, sondern die Erschwerung und Verbitterung derselben durch die Verbannung die verdiente Strafe für den Sündenfall war.

ner Nähe, leidvoll außerhalb derselben; Ihr seid des Paradieses durch Euern Ungehorsam verlustig geworden, darum müsset Ihr hinfort die bittere Mühsal und Beschwerde des Lebens tragen, die Ihr in meiner Nähe und durch die allmächtige Wirkung meiner Gnade niemals empfunden hättet.

Wäre das eheliche Werk durch den Sündenfall zu etwas Unheiligem, Gemeinem erniedrigt worden, so müsste auch die gleichzeitig dem Weibe auferlegte Untertänigkeit gegenüber dem Manne als gemein und unheilig gelten; und doch wird schwerlich jemand an einem herrschsüchtigen Weibe, und an einem dem Weibe untertänigen Manne etwas Erhabenes und Edles, oder gar etwas Christliches und Heiliges finden. Endlich müsste auch die „Arbeit im Schweiße des Angesichts" etwas Unheiliges und Gemeines sein. Wir wissen aber, was Gottes Wort solchen Leuten zuruft, welche als fromme, scheinheilige Müßiggänger andere für sich arbeiten lassen: „Wer nicht arbeitet, der soll auch nicht essen." Rufen wir nicht den Segen Gottes auf unsere ehrliche Arbeit herab? Und nennen wir nicht auch unsere Kinder einen Segen des Himmels? Kann aber der göttliche Segen auf etwas Unheiligem oder aus Unheiligem Hervorgegangenem ruhen? Gewiss nicht! Darum haben wir auch nicht den geringsten Grund, an der Heiligkeit der Ehe und des ehelichen Werkes zu zweifeln, sondern dürfen uns getrost an das Wort halten, das Luther mit dem heiligen Augustin spricht: „Wenn der jüngste Tag wahrhaft christliche Eheleute während der ehelichen Umarmung überraschen würde, so sollen sie gewiss sein, dass sie, auch in solcher Lage, für das Gericht ebenso bereit sind, als ob sie irgendein anderes gutes Werk verrichteten."*)

Es heißt allerdings in der Schrift: „Da [d. h. nachdem sie vom Baum der Erkenntnis gegessen hatten] wurden ihre beiden Augen aufgetan, und wurden gewahr, dass sie nackend waren"; eine Wahrnehmung, welche sie vor dem Sündenfalle

*) Euthers Werke von Walch X. 699. 13.

nicht beunruhigt hatte [1. Mos. 2, 25]. Das will aber nicht sagen, dass ihre Nacktheit für sie nun erst, d. h. nach dem Sündenfalle, zur Schande geworden sei, sondern vielmehr, dass sie jetzt zur Einsicht gelangt waren, wie unendlich tief der nach Gottes geistigem Ebenbild geschaffene Mensch sinkt, wenn er sich als ungehorsames Geschöpf vom göttlichen Geiste lossagt, und, dieses heiligen Kleinodes entkleidet, nunmehr in seiner nackten, tierähnlichen Leiblichkeit dasteht. So lange sie im reinen Geiste Gottes gewandelt waren, ohne jegliches Bewusstsein von Schuld und Unschuld, hatten sie sich ihrer leiblichen Nacktheit nicht zu schämen gebraucht. Durch die Erkenntnis der Sünde war ihnen aber auch zugleich die Erkenntnis des Todes [Römer 5, 12], d. h. die Erkenntnis ihrer leiblichen Sterblichkeit und des demütigenden Unterschiedes zwischen der sterblichen Zeugung des Leibes und der unsterblichen Zeugung des Geistes gekommen und sie sahen, dass sie in dieser Beziehung den Tieren ähnlich waren, und ihre aus dem

Odem und Geiste des Herrn entsprungene Seele schämte sich dessen und schämte sich auch der Nacktheit ihres Geschlechtes, welche sie an ihre Tierähnlichkeit erinnerte.

Aus dem demütigenden Bewusstsein der Tierähnlichkeit ist bei dem seiner Gotteskindschaft bewussten Menschen das Schamgefühl entsprungen, welches besonders beim weiblichen Geschlechte stark entwickelt ist und vielen Neuvermählten nicht nur Scheu, sondern oft geradezu Abscheu vor dem ehelichen Werke einflößt. Die meisten keuschen Eheleute werden anfangs von der Empfindung sich nicht freimachen können, dass sie durch die eheliche Umarmung eine Sünde oder zum Mindesten etwas begehen, dessen sie sich zu schämen haben. Dagegen helfen kalte Vernunftgründe und nüchterne Erwägungen gar nichts, die allmähliche Abstumpfung gegen das Schamgefühl ist aber in diesem Falle bei weitem keine Hilfe, sondern vielmehr ein Zeichen sittlichen Verfalles. Nur das lebendige Bewusstsein, im Sinne des Wortes und Willens

Gottes zu handeln, kann hier die wahre Hilfe bringen und zu freudiger Ausübung der ehelichen Pflicht stimmen, ohne dass das Schamgefühl dabei den geringsten Schaden leidet. Gottesfürchtige Eheleute werden immer mit bräutlicher Scham sich einander nähern, aber dieses Schamgefühl wird ihnen die Glückseligkeit des Ehelebens nicht verbittern und das Bewusstsein der Heiligkeit der Ehe nicht trüben. Sie werden vielmehr in einem richtigen christlichen Eheleben den ursprünglichen Stand des Paradieses wieder erkennen und denselben von Herzen heilig halten.

Hat es doch der Sohn Gottes nicht verschmäht, das Werk eines kreißenden Weibes durch seine Geburt zu heiligen! Wer möchte es da wohl noch für unheilig und niedrig halten, aus demselben Wege dem Heiland hohe Vernunftwesen zu erzeugen, welche dazu bestimmt sind, an seinem Erlösungswerke und der dereinstigen Anschauung seiner Herrlichkeit Teil zu haben! Ehre denen, die aus freiem Antriebe und innerster Überzeugung der Befriedigung des natürlichen Geschlechtstriebes, den Freuden eines christlichen Ehe- und Familienlebens entsagen, um sich ganz dem Dienste Gottes zu widmen; aber Ehre auch denen, welche die von Gott selbst gestiftete Einrichtung der Ehe hochachten, weil sie der Überzeugung sind, dass die Ausübung des an sich tierischen, d. h. der tierischen Natur unseres sterblichen Teiles angemessenen Zeugungsaktes dadurch geläutert und geheiligt wird, dass wir Christenmenschen diesen Akt in dem Bewusstsein begehen, dabei nach dem Willen Gottes und im Geiste seines allweisen Schöpfungsplanes zu handeln!

Drittes Kapitel.

Der Apostel Paulus über die Ehe.

Ich komme nun ausführlicher auf die Anschauungen des Apostels Paulus zurück, aus denen vielfach der Schluss gezogen worden ist, dass die Ehe von diesem gotterleuchteten Apostel als ein Stand der Unvollkommenheit dem ledigen Stande, als dem geistigeren, heiligeren nachgesetzt worden sei.

Die Stellen, aus welchen solche Schlüsse abgeleitet werden, sind hauptsächlich folgende:

1. Wie bereits im zweiten Kapitel erwähnt, schrieb der Apostel an die Korinther [7. Kap., 1]: „Es ist dem Menschen gut, dass er kein Weib berühre", d. h. [nach Vers 8] den Ledigen und Wit-

wen würde es gut sein, wenn sie unverheiratet blieben wie er, beziehungsweise sich nicht wieder verheiraten würden. Das selber sagt er von den Jungfrauen [Vers 25] sowie von den ledigen Jünglingen [Vers 37]; doch erklärt er dieses ausdrücklich als einen wohlmeinenden Rat, nicht als ein Gebot des Herrn [Vers 25].

Er begründet dies, wie gleichfalls schon erwähnt,

a] durch die gegenwärtige Not [Vers 26 u. 28]. Und wahrlich! Die Trübsale jener Erstlings-Gemeinde waren wohl schwer genug, dass der Apostel mit Bedauern auf diejenigen sehen musste, welche sich zu einer Zeit in die Ehe begaben, wo ein Christ weder seines Vermögens noch seines Bürgerrechtes noch seines Lebens vor dem Verfolger sicher war!

b] Ein zweiter Grund lag, wie schon früher angedeutet, darin, dass ein Unverheirateter, namentlich eine Jungfrau, besser zu dem Dienst in den Gemeindeämtern gebraucht werden konnte. „Welche nicht freiet, - sagt der Apostel - die sorget, was dem Herrn angehöret, dass sie heilig sei, beides am Leibe und am Geiste; die aber freiet, die sorget, was der Welt angehöret, wie sie dem Manne gefalle" [Vers 34]. Der Apostel will hiermit keineswegs sagen, dass nur Unverheiratete dem Herrn ganz und ungeteilt ergeben, also wahrhaft himmlisch gesinnt und im evangelischen Sinne vollkommen sein können, wogegen Eheleute als solche ausschließlich, oder doch wenigstens zum Teil, der Kreatur anhängen müssen. Nach solcher Auslegung wäre ein gesunder Glaube, eine reine, ungeteilte Liebe zum Herrn und zu den Heiligen im Ehestande durchaus unmöglich; ja, es müssten die verheirateten Christen, auch im besten Falle, immer als geistlich Bresthafte zu betrachten sein. Dass aber der Apostel kein solches Verdammungsurteil über die Ehe aussprechen will, dieses geht allein schon aus derjenigen Stelle hervor, wo er eine wahrhaft christliche Ehe als das Abbild der Verbindung zwischen Christo und seiner Gemeinde darstellt [Ephes. 5, 25-33]. Auch würde er mit sich selbst im Widerspruche stehen, indem er ja von den echt christlichen Eheleuten nichts Geringeres erwartet, als dass sie alles, auch den teuersten Gatten, so besitzen werden, als besäßen sie ihn nicht [1. Kor. 7, 29-31].

Dem Zusammenhange nach kann demnach diese Stelle keinen andern Sinn als diesen haben:

In den gegenwärtigen Trübsalen und Verfolgungen der Gemeinden ist es nicht nur für die Ehelosen selbst eine große Erleichterung, wenn sie nicht für ein größeres oder kleineres Hauswesen zu sorgen haben, sondern es ist auch für den Dienst an der Gemeinde, also für die Ausbreitung des Reiches Gottes, doch sehr wünschenswert, wenn alle diejenigen, welche, wie ich, die Gabe der Enthaltung haben, auch wirklich ledig bleiben und sich dem Dienst an der Gemeinde widmen. Besonders gilt dieses von den Jungfrauen. Ein Mann, selbst als Verheirateter, ist immer noch weniger an das Haus gebunden als das Weib und kann daher, als Lehrer und Pfleger der Gemeinde, ja selbst als Reise-Prediger immer noch bedeutende Dienste leisten. Anders

5152
Paris

aber ist es mit der Ehefrau. Sobald sie ein größeres Hauswesen zu besorgen hat, kann sie zwar, dem Geiste und Herzen nach, dem Herrn in ihrem Geschäft ebenso ergeben sein als vorher; aber dem Leibe nach, d. h. was ihre natürlichen Gaben als Weib, und also den Dienst betrifft, den sie der Gemeinde, z. B. bei Verpflegung der Kranken, der Vertriebenen, der Gefangenen leisten kann, muss eine Jungfrau solchen Dienst, sobald sie heiratet, aufgeben, und ganz mit Recht dafür sorgen, dass sie dem Manne diene und als ordentliche Hausfrau seine Zufriedenheit gewinne.

Was also auch diesen zweiten Grund, nämlich den Dienst in der Kirchengemeinde betrifft, so stützt er sich ebenfalls, wie jener erste, nur auf den vorhin erwähnten Notstand der Gemeinde und fällt somit überall weg, wo eine Verfolgung, Verjagung, Beraubung, Gefangenschaft und Ermordung der Gläubigen, kurz, eine Bedrängnis der Gemeinde nicht stattfindet, und wo diese wenigstens äußerlich im Frieden wirken und Gott dienen kann.

2. „Denn ich wollte lieber, alle Menschen wären wie ich", sagt der Apostel weiter [Vers 7]. Ganz mit Unrecht haben manche in dieser Stelle den Wunsch des Apostels erkennen wollen, dass alle Menschen, so wie er, unverheiratet wären. Aber ein solcher Wunsch, dessen Erfüllung in kurzer Zeit den Untergang des Menschengeschlechtes herbeiführen würde, ist dem Apostel wahrlich nicht in den Sinn gekommen. – Die rechte Auslegung seiner Worte liegt indes nahe genug, nämlich in dem erwähnten Verse selbst: „Aber ein jeglicher hat seine eigene Gabe von Gott, einer so, der andere so." – Offenbar ist es also nicht die Ehelosigkeit, sondern die Gabe der Enthaltsamkeit, welche der Apostel, namentlich in Zeit großer Trübsal und Verfolgung, allen Gläubigen wünscht und die er auch an der schon früher erwähnten Stelle [7, 29] ausspricht. In der Tat ist auch diese Gabe ein Gut, welches nicht bloß für diejenigen, welche ehelos bleiben, sondern auch für die Ehelichen einen Wert hat, indem diejenigen Ehen, welche nicht

um der bloßen Sinnenlust willen, sondern aus wahrhafter christlich-bräutlicher Liebe geschlossen werden, das Bild Christi und der Gemeinde unstreitig in noch höherem Maße an sich tragen.

Der Sinn der Worte des Apostels ist daher auch hier kein anderer als der:

Wer einmal die Gabe der Enthaltung nicht hat, der soll sich, auch unter dem heftigsten Notstande der Gemeinde, wenn es seine Umstände sonst erlauben, vom Heiraten nicht abhalten lassen. Diese Gabe lässt sich ebenso wenig durch Übung erwerben als irgendeine andere mangelnde Naturgabe, sondern lediglich durch göttliche Gnade. Wer nun unter solchen Umständen heiratet, der sündigt nicht, ja er tut sogar wohl daran [7, 38]. Dass aber derjenige besser daran ist, welcher die erwähnte Gabe hat und in solcher Not für sich und andere gebraucht, das ist ebenfalls aus den angegebenen Umständen klar genug.

Nach diesen Erklärungen der angeführten Stellen aus dem 1. Korintherbriefe wird sich nun über die

Heiligkeit des Ehestandes für alle diejenigen, welche Gottes Wort als ein Licht auf allen ihren Wegen achten, Folgendes herleiten und als göttliche Wahrheit betrachten lassen:

1. Es wird wohl keinem unbefangenen Leser mehr einfallen, in dem ehelosen Stande etwas allgemein Verdienstliches, oder doch nur ein Mittel höherer geistlicher Vollkommenheit auch ohne kirchlichen Notstand zu sehen, und aus diesem Grunde den Ehestand zurückzusetzen und für unheilig zu halten.

2. Ebenso wenig wird er in dem Wahne verharren, dass die Ehe nur ein Notbehelf für solche Menschen sei, welche ohne dieselbe eine willenlose Beute unreiner Lüste würden.

Im Gegenteile wird er, im äußeren Friedensstande der Gemeinde, nicht bloß für diejenigen, „welche an Brunst leiden", sondern in noch viel höherem Maße auch für diejenigen, welche das Geheimnis der höhern bräutlichen Liebe kennen, das Wort des Herrn als Regel anerkennen: „Es ist nicht gut, dass der Mensch allein sei."

3. Wenn für den Notstand der Gemeinde der Rat des Apostels gilt: „Wer freit, tut wohl, wer nicht freit, der tut besser", so gilt für den friedlichen Zustand der Kirche im Ganzen sowie der Gemeinden im Einzelnen, das Wort des Herrn: „Es ist nicht gut, dass der Mensch allein sei, ich will ihm eine Gehilfin machen, die um ihn sei." [1. Mose, 2, 18.]

4. Dass endlich der Apostel selbst der beste Ausleger seiner Worte ist, geht aus 1. Tim. 2, 15 hervor, wo er von der gläubigen Hausfrau sagt: „Sie wird aber selig werden durch Kinderzeugen, so sie bleibet im Glauben, und in der Heiligung, samt der Zucht." Diese Stelle steht im unmittelbaren Zusammenhange mit weiteren auf das Verhalten des weiblichen Geschlechtes in der Gemeinde bezüglichen Anweisungen, nach denen die Weiber schlicht und züchtig auftreten, in der Stille lernen aber nicht lehren, dem Manne untertan sein und ihre Gottseligkeit durch gute Werke beweisen sollen. Dieses Urteil über das eheliche Werk kann

keinen anderen Sinn als diesen haben: Allerdings soll das Weib, teils seiner Natur und Bestimmung gemäß, teils wegen des Sündenfalles, in der Gemeinde weder als Lehrerin auftreten noch auch an der Leitung der Gemeinde Anteil haben; in ihrem Berufe als treue, dienstwillige Gefährtin des Gatten und als Hausmutter soll sie sich nicht bloß äußerlich wohl, sondern im höhern geistlichen Sinne selig fühlen, vorausgesetzt, dass sie im Glauben und in der Liebe bleibt. Wäre dieses aber nicht der Fall, so würde sie entweder ihren Stand zu gering und niedrig achten, und in solch überspanntem Sinne sich selbst, ihren Gatten sowie Kinder und Hausgesinde mit falscher Heiligkeit, als ein widerliches Bild des Eigensinnes, der Herrschsucht und der Laune, täglich und stündlich plagen, oder sie würde bei einem gemeinen, weltlich eiteln Sinne den Ehestand als einen Wehestand verschreien, sich für das ihr auferlegte Ungemach mit allem, nur nicht mit Christo trösten, und so, als das Bild des Elends und selbstgemachten Jammers, das Wort an und durch sich selbst bestätigen, dass die Sünde der Leute Verderben ist.

5. Wenn es zu allen Zeiten einzelne Gläubige gegeben hat, welche – nicht immer nach eigener Wahl, sondern oft genug gegen ihren Willen – längere oder kürzere Zeit, ja vielleicht zeitlebens einsam ihre Pilgerstraße vollenden müssen, so liegt dies eben in einem höhern Heilsrate Gottes in Bezug auf die Führung derselben. – Wenn demnach auch die Regel feststeht, dass der Ehestand, auch nach dem Sündenfalle, als Paradiesesstand des Menschen gelten muss, in welchem er die köstlichen Tugenden wahrer Nächstenliebe üben, und also den Herrn verherrlichen kann, so beweisen diejenigen Ausnahmen, welche der Herr selber macht, dass der volle Reichtum seiner Gnade an keinen besonderen Stand, also auch nicht an den Ehestand, sondern allein an den wahren Glauben und an die wahre Gotteskindschaft gebunden ist. – Gesegnet seien also alle diejenigen, welche sich in wahrem

christlichem Geiste zu gottseliger Ehelosigkeit berufen fühlen und durch Gottes allweisen Ratschluss dazu geweihet sind. Ja, gesegnet seien diese rechten Witwen und Einsamen in Israel, welche den hohen Wert einer wahrhaft christlichen Ehegemeinschaft erkennen, den Druck und Schmerz der Einsamkeit wohl empfinden, diese Empfindung aber nicht durch falsche Heiligkeit zu bemänteln und zu betäuben suchen, sondern durch wahre Gnade Heilung finden. So herb und tief das Leid auch sein mag, durch das solche weltverlassene Seelen sich oft durchzukämpfen haben, so groß und herrlich muss natürlich auch der Sieg sein, den sie schließlich, nicht als Verdienst ihrer Werke oder Leiden, sondern als das aus Gnade verheißene, ewige, unvergängliche und unverwelkliche Erbe Christi durch die Güte Gottes über alles irdische Sehnen und Hoffen erringen.

Viertes Kapitel.

Das Wort Christi von den Verschnittenen.

Von großer Wichtigkeit ist für alle wahrhaft gläubigen Christen das richtige Verständnis des Anspruches unseres Heilandes [Matth. 19, 12] in Bezug auf das eheliche Leben. Die Jünger, durch die von Jesus Christus den Pharisäern gegenüber behauptete Unlöslichkeit des heiligen Ehebandes erschreckt, äußerten ihre Bedenken mit den Worten: „Stehet die Sache eines Mannes mit seinem Weibe also, so ist es nicht gut ehelich werden."*) Der

*) Bei den Juden herrschte bis nach der babylonischen Gefangenschaft, wie im Orient allgemein und noch heute, die Vielweiberei;

Herr aber antwortete ihnen: „Das Wort fasset nicht jedermann, sondern denen es gegeben ist. Denn es sind etliche verschnitten, die sind aus dem Mutterleibe so geboren; und sind etliche verschnitten, die von Menschen verschnitten sind; und sind etliche verschnitten, die sich selbst verschnitten ha-

---

die meisten Männer hatten vier Weiber, wovon zwei rechtmäßige Frauen und zwei Sklavinnen waren. Dass die Ehe unter solchen Umständen nicht das Gepräge der Heiligkeit trug, ist selbstverständlich. Die Mädchen wurden verkauft, der Mann konnte sich nach Willkür um irgendeiner Unlust willen [3. Buch Mose, 24, 1] von seinem Weibe scheiden, von den Pharisäern in arglistiger Absicht um seine Meinung über diese Gesetzesbestimmung befragt, erklärte Jesus Christus die Scheidung, sofern sie nicht wegen Ehebruchs erfolgte, als einen Widerspruch gegen die von Gott in allem Anfang eingesetzte Ordnung und bezeichnete diejenigen als Ehebrecher, die sich nach erfolgter Scheidung wieder verheirateten oder eine Abgeschiedene zum Weibe nahmen. Nach jüdischer Auffassung erschien den Jüngern des Heilandes dieses Urteil als sehr hart und sie gaben dieser Empfindung in den obigen Worten Ausdruck.

810

810

ben, um des Himmelreiches willen. Wer es fassen mag, der fasse es." – Und daraufhin segnete er die Kindlein, die man zu ihm brachte.

Wenn nun schon in dem unmittelbar vorher erfolgten Ausspruche Christi über die Unzulässigkeit der Scheidung und in der gleich darauf stattgehabten rührenden Szene der Kindersegnung für jeden gefühlvollen Christen die Ansichten des Heilandes über die Ehe und Familie aufs Klarste und Schönste dargelegt sind, so mag dennoch eine Erklärung der obigen Worte des Herrn, die natürlich nicht bloß im buchstäblichen, sondern auch im bildlichen Sinne zu verstehen sind, nicht ohne Berechtigung und Nutzen sein.

1. Einige sind vom Mutterleibe aus verschnitten, das will sagen, dass es Menschen gibt, die von Natur keine körperliche Eignung oder keinen Trieb zum ehelichen Leben haben. Es mangelt ihnen sowohl die höhere bräutliche Liebe, welche Mann und Weib nicht bloß dem Leibe, sondern auch der Seele nach ehelich verbindet, als auch der niedere

Geschlechtstrieb, ohne welchen die Fortpflanzung des Menschengeschlechts unmöglich wäre. Dass nun diese Menschen schon durch den erwähnten Mangel zum ehelosen Leben bestimmt sind, ohne dass sie deshalb als Heilige und Geliebte Gottes höher als andere gestellt werden müssten, leuchtet von selbst ein. Verschnittene dieser Art werden gegen die Ehe ebenso gleichgültig bleiben, wie sich die Blindgeborenen gegen das Sehen verhalten, ja sie werden sich, wie das bei den letzteren erfahrungsmäßig oft vorkommt, verletzt fühlen, wenn man sie wegen ihres Mangels bedauert. Diese Leute haben eben keinen Sinn für die Ehe und kommen daher bei solchen Fragen und Bedenken gar nicht weiter in Betracht.

2. Etliche aber sind von Menschen verschnitten, d. h. von Menschenhand buchstäblich verstümmelt oder - im bildlichen Sinne - durch Menschenmacht zur Ehelosigkeit gezwungen. Bei diesen wird mit der Zerstörung der Zeugungsfähigkeit oder der zwangsweisen Verhinderung am ehelichen Leben

keineswegs der Geschlechtstrieb unterdrückt; ihr Zustand ist daher, wenn sie nicht zugleich von Natur aus verschnitten sind, ein unnatürlicher, bedauernswerter, und übt auch einen sehr üblen Einfluss auf ihren Charakter aus.

3. Etliche sind, die sich selbst verschnitten haben, um des Himmelreiches willen. - Das sind eben diejenigen, welche sowohl der bräutlichen Liebe als dem geschlechtlichen Vermögen nach rüstige und rüstige Ehegatten werden könnten, auch den paradiesischen Stand der Ehe in seiner ganzen Heiligkeit zu schätzen wissen, dabei aber doch eine so hoch ausgebildete Willenskraft besitzen, dass sie ihren natürlichen Trieb und den Wunsch ihrer Seele zu unterdrücken vermögen, wenn höhere Bestrebungen oder äußere Anforderungen sie dazu bestimmen. So war es bei Paulus der Fall, und so war und ist es noch bei manchem andern, der sich die unumschränkte Freiheit seiner Person wahren will, um sich voll und ganz einer großen Aufgabe widmen zu können. Diese

starken Charaktere kommen dann weder dem Leibe noch der Seele nach in allzu schwere Versuchungen und können durch die selbstlose Verleugnung ihrer persönlichen zu Gunsten höherer Interessen besonderen Segen stiften. Dass die Selbstverschneidung aus höherem, zumeist religiösem Antriebe auch im buchstäblichen Sinne in früheren Zeiten [so z. B. von dem berühmten Kirchenlehrer Origenes] mitunter vorgenommen worden ist und auch heute noch [z. B. bei der Sekte der Skopzen in Russland] ausgeführt wird, sei hier nur beiläufig bemerkt, da dieser Fall doch nur selten vorkommt, und nur eine rohsinnliche Abart der moralischen Selbstverschneidung darstellt.

Die Worte des Heilands von den Verschnittenen sind im Grunde genommen keine direkte Antwort auf die oben erwähnte Äußerung der Jünger; nichtsdestoweniger sind sie leicht verständlich für den, der sie vermöge seiner vom Geiste Christi erleuchteten Denkweise fassen kann, d. h. also für jedes wahrhaft christliche Gemüt. Die Jünger des Herrn waren eben noch allzu sehr von ihren jüdischen Anschauungen befangen, um sich von der Heiligkeit der Ehe jenen erhabenen Begriff machen zu können, den die christliche Lehre und Lebensführung ihr gegeben hat. Für uns aber ist der Sinn jener Antwort klar. Der Herr Jesus wollte damit sagen: Wenn Ihr das erhabene, religiös-sittliche Wesen der Ehe nicht erfassen könnt und von der Unlöslichkeit des Gott geheiligten Ehebandes nicht überzeugt seid, so bleibt lieber unverehelicht als Selbstverschnittene um des Himmelreiches willen; denn falls Ihr nicht von Natur aus Verschnittene, d. h. zum Eheleben untauglich seid, oder menschliche Gewalttätigkeit der Fähigkeit zu solchem Leben Euch nicht ganz und gar beraubt hat, so bleibt Euch nichts übrig, als ein der göttlichen Anordnung widersprechendes Eheleben oder das Versinken in einen tierähnlichen, vom blinden Geschlechtstriebe abhängigen Zustand, der, weil er der von Gott eingesetzten, durch den Ehebund besiegelten Gesellschafts- und

Familienordnung der Menschheit zuwiderläuft, alle möglichen Laster und Verbrechen notwendig zur Folge haben muss.

Lieber gar keine, als eine unchristliche Ehe – das ist der Sinn des Heilandswortes von den Verschnittenen.

Zweiter Teil.

Vom richtigen Verhalten im Ehebette.

Erstes Kapitel.

Der Zeugungsakt.

Es ist ein großer Fehler in unserer modernen Erziehung, dass die meisten Eltern es aufs Geratewohl ankommen lassen, ob ihre Kinder, namentlich die Töchter, noch ehe sie in die Ehe treten, etwas von demjenigen erfahren, was ihrer, nach dem Willen und Befehl des Herrn, im Ehebett wartet. Es ist ganz selbstverständlich, dass hinsichtlich der geschlechtsunreifen Kinder mit größter Sorgfalt alles vermieden werden muss, was ihre Aufmerksamkeit auf das Geschlechtsleben hinlenken und den Geschlechtstrieb vorzeitig in ihnen erwecken könnte; aber es ist ebenso falsch, ihnen die fromm sein sollende allbekannte Lüge vom Storch, der die Kinder bringt, förmlich aufzudrängen und sie den Kleineren und Größeren so lange vorzuerzählen, bis sie endlich des Fragens nach der Herkunft des neuen Brüderchens oder Schwesterchens müde werden, weil sie inzwischen zu klug geworden sind, um an den Klapperstorch noch länger blindlings zu glauben. Dass die Kinder, sobald sie merken, dass man sie angelogen hat, nicht nur in diesem, sondern auch in ähnlichen Fällen [so z. B. hinsichtlich der nahe verwandten Lüge vom Weihnachtsmann] sich ihre eigenen Vorstellungen machen und den Eltern höchstens noch Gläubigkeit heucheln, in Wirklichkeit aber sich nicht wenig darauf einbilden, dass sie ihnen hinter eine Lüge gekommen sind, und dass damit das heilige Vertrauen auf das elterliche Wort und die elterlichen Lehren einen harten, ja unheilbaren Leck erhält, das bedenken die kurzsichtigen Leute ebenso wenig, als die üblen, oft allerschlimmsten Folgen, welche daraus erwachsen, wenn die Kinder, auf geschlechtliche Fragen einmal aufmerksam gemacht,

204
J. MANDEL

für sich oder in Gemeinschaft mit den nächsten Altersgenossen des gleichen oder verschiedenen Geschlechtes diese Fragen aus der eigenen Einbildungskraft heraus oder mit Hilfe von anderer Seite her gefallener Andeutungen und zufällig erspähter oder erlauschter Einzelheiten selbst zu ergründen suchen. Von Natur ist das unreife Kind vor geschlechtlichen Anreizungen und Verirrungen dadurch geschützt, dass der Geschlechtstrieb erst mit beginnender Reife der Geschlechtsorgane erwacht, wenn er nicht durch Unvorsichtigkeit oder Fahrlässigkeit der zur Pflege und Beaufsichtigung der Kinder berufenen Personen oder durch Verführung von Seite lasterhaft veranlagter oder durch andere bereits verdorbener Altersgenossen vorzeitig geweckt wird. Ist dieses Unglück aber einmal eingetreten, dann ist es selbst durch strengste Überwachung nicht mehr gut zu machen, und die Wurzel desselben ist sehr häufig darin zu suchen, dass die Neugierde des Kindes durch geheimnisvolle Andeutungen [wie gerade durch die an sich so anziehende Lüge vom Klapperstorch] aufgestachelt, statt – wie das beabsichtigt ist – zerstreut und eingelullt wird. Solange die Kinder an den Storch glauben, ist er für sie etwas sehr Interessantes; sie möchten ihn gar zu gerne sehen, sie lauern ihm auf, wenn im Hause das Gerücht von seiner bevorstehenden Ankunft herumläuft, und sie bekommen so Gelegenheit, anstatt des Storches andere Dinge zu erspähen, die sie an und für sich gar nicht interessieren würden, die aber nun ihre Neugierde um so lebhafter erregen und um so hartnäckiger beschäftigen, weil sie entdeckt haben, dass es sich dabei um ein Geheimnis handelt, welches man ihnen zu verbergen gesucht hat. Da aus den Eltern nichts herauszubekommen ist, so stecken sie sich hinter die Dienstboten, unterhalten sich mit andern Kindern über die interessante Frage, und da ist es denn sehr leicht möglich, dass ihr kindlicher Sinn auf verderbliche Abwege gerät.

Ist es danach grundfalsch und in höchstem Maße gefährlich, mit Kindern sich auf eine, wenn auch in das Gewand eines niedlichen Märchens gekleidete Unterhaltung über Vorgänge im Eheleben einzulassen, so ist es ebenso grundfalsch, herangereifte Jünglinge und Mädchen - namentlich letztere - im Unklaren über dieselben zu lassen und gedankenlos oder gleichgültig abzuwarten, bis erstere auf andere, in der Regel unpassende und verderbliche Weise, letztere vielleicht durch das Lesen mehr oder weniger schlüpfriger Liebesromane über den wahren Sachverhalt aufgeklärt werden. Sobald die Kinder in das Alter der Geschlechtsreife treten, was bei Mädchen mit der Konfirmationszeit, bei [unverdorbenen!] Jünglingen im 18.-20. Lebensjahre der Fall ist, muss es als eine heilige Pflicht der Eltern und Erzieher erklärt werden, den jungen Leuten ohne alle falsche Scham mit Ernst und Würde über diesen so wichtigen Punkt die nötige Unterweisung zuteil werden zu lassen. Ein echt christlicher Unterricht über die Geheimnisse der Ehe ist, wie die ärztliche, seelsorgerische und erzieherische Praxis lehrt, ein wahres Bedürfnis. Das vorliegende Büchlein soll diesem Bedürfnis gerecht werden. Es ist in der Absicht geschrieben, dass christliche Eltern und Erzieher, sobald sie es nötig finden, dasselbe ihren erwachsenen Kindern, beziehungsweise Schülern oder Pflegebefohlenen, selbst in die Hände geben.

Die Erfahrung wird lehren, dass die Einhändigung eines solchen Ehestandsbüchleins die zarteste und klügste Art ist, seine bereits erwachsenen Kinder über Dinge zu belehren, deren richtige Erkenntnis unbedingt zum leiblichen und Seelenheile der reifen Jugend nötig ist, leider aber - infolge falscher Schamhaftigkeit oder anerzogener Ungeschicklichkeit in der Behandlung der schwierigsten Erziehungsaufgaben von Seiten der hierzu Nächstberufenen - nur zu oft dem blinden Zufalle überlassen wird.

Beim Menschen wird, ebenso wie bei allen Säugetieren, die Befruchtung des weiblichen Keimes [Eies] mit dem männlichen Keime [Samen] durch den Begattungsakt vermittelt. Die Tiere obliegen demselben, wie schon im ersten Kapitel erwähnt, zu bestimmten, von der göttlichen Weltordnung festgesetzten Zeiten, welche entweder an gewisse Jahreszeiten [Brunstzeit] oder an einen besonderen Zustand des Weibchens [Läufigkeit] oder auch [bei den Insekten] an eine bestimmte Entwicklungsform der betreffenden Tiergattung gebunden sind. Nur der Mensch, dem mit der gottähnlichen Seele auch die Gabe des freien Willens verliehen ist, kennt keine Unterordnung unter ein derartiges Gesetz, sondern ist befähigt, vom Zeitpunkt der Geschlechtsreife bis in das Greisenalter dem Begattungswerke zu obliegen; und zwar ist es - im Sinne des göttlichen Wortes [1. Mose 3, 16] - der Mann, dessen Wille allein entscheidend ist für die Vornahme dieses Werkes. Dieser Wille wird durch den Geschlechtstrieb erweckt. Da das Fortpflanzungswerk nicht den sich begattenden Individuen selbst, sondern der Erzeugung eines dritten Individuums zugute kommt und überdies für beide Teile - namentlich aber für den weiblichen - eine Reihe von Unbequemlichkeiten und wirklichen Leiden zur Folge hat [man denke nur an die blutigen Kämpfe unter den Männchen, welche bei vielen Tiergattungen dem Zeugungsakte vorangehen, an das mühselige Brutgeschäft der Vögel, an das Hinsterben der Insekten nach vollzogener Begattung, an die Schwierigkeiten und Schmerzen des Gebäraktes bei den höheren Tieren und beim Menschen!], so würde es ohne den Geschlechtstrieb gewiss von den Geschöpfen gänzlich unterlassen werden, und die natürliche Folge hiervon wäre das gänzliche Aussterben der Arten. Der Geschlechtstrieb ist somit eine weise Einsetzung Gottes und reiht sich als eine solche harmonisch in den gesamten allweisen Weltplan ein. Er ist ein tierischer Trieb, gleich demjenigen, welcher Menschen und Tiere zum Essen und Trinken nötigt, findet aber beim Menschen seine Veredelung durch den, die rechtzeitige Ausübung und Enthaltung regelnden freien Willen [während bei den Tieren, wie schon gesagt, diese Regelung durch Naturnotwendigkeit stattfindet] und seine Heiligung durch die Ehe, die aus der menschlichen Familie ein Abbild der heiligen christlichen Gemeinde macht.

Der Geschlechtstrieb, oder die rein sinnliche Neigung der Geschlechter zueinander, geht von der Tätigkeit der keimbereitenden Drüsen [beim Manne also von den Hoden, beim Weibe von den Eierstöcken] aus, ohne dass er jedoch auf diese Organe einen irgendwie zum Bewusstsein des betreffenden Individuums kommenden Einfluss ausübt. Beim weiblichen Geschlechte ist dieser Trieb in der Regel weit weniger entwickelt als beim männlichen, sodass der Mann, wie schon erwähnt, in dieser Hinsicht dem Weibe gegenüber eine beherrschende Stellung einnimmt. Nach hausärztlicher Erfahrung tritt bei verheirateten Frauen das geschlechtliche Verlangen meistens erst längere Zeit nach Beginn des Ehelebens, gewöhnlich erst nach einer oder mehreren Entbindungen ein. Bis dahin gibt sich die Frau dem Manne mehr aus Pflichtgefühl und um dem Gegenstand ihrer Liebe gefällig zu sein, als aus eigenem Verlangen hin; manche Frauen empfinden geradezu Widerwillen gegen den ehelichen Akt, und wenn sie ihn dennoch zulassen, so erfüllen sie nur das Gebot des Herrn, das sie heißt, dem Manne untertänig zu sein. Aus dem Umstande, dass die Erregung des Geschlechtstriebes, wie eben bemerkt, von Organen ausgeht, die von der Befriedigung desselben keinerlei zum Bewusstsein kommende Empfindung haben, kann man allein schon ersehen, dass der Geschlechtstrieb nichts Sündliches ist, sondern auf einem von Gott eingeführten Naturgesetze beruht, das von der Kreatur eben zum Zwecke der Arterhaltung befolgt werden muss. Tatsache ist, dass der Geschlechtstrieb um so lebhafter hervortritt, je häufiger er befriedigt wird, und dass er bei unmäßiger Anreizung sich bis zur Ausschweifung steigern, also zur wirklichen Sünde werden kann, während er, wenn er von Jugend an ungeweckt bleibt oder auch in reiferem Alter durch lange Enthaltsamkeit außer Tätigkeit gesetzt wird, schließlich völlig verschwindet. Aber das beweist durchaus nichts gegen dessen Unanfechtbarkeit vom sittlichen Standpunkt aus. Auch Essen und Trinken sind durch die Natur gebotene, zur Erhaltung des

Lebens unumgänglich notwendige Verrichtungen, die durch Unmäßigkeit bis zu unnatürlicher, sündhafter Völlerei und Schlemmerei ausarten und den Menschen geistig und leiblich zu Grunde richten können. Ist deshalb Essen und Trinken überhaupt sündhaft? Gewiss nicht! Alle sinnlichen Bedürfnisse sind natürlich und berechtigt; sündhaft werden sie nur dadurch, dass man sie zur Leidenschaft und unersättlichen Begierde ausarten lässt.

Kehren wir nun zum Gegenstande unserer Betrachtung, den keimbereitenden Drüsen, zurück. Die Hoden, als die inneren männlichen Zeugungsorgane, bergen den Samen, der im reinen Zustande von weißlicher Farbe und geruchlos, bei seinem Austritt aus der Harnröhre aber mit den an Menge ihm weit überlegenen schleimigen Absonderungen aus anderen Drüsen [der Samenblase, der Cooperschen und der Vorsteherdrüse oder Prostata] vermischt ist und einen eigentümlichen Geruch - die so genannte aura seminalis - annimmt. Die eigentliche Samenflüssigkeit enthält zahllose bewegliche, sporenähnliche Gebilde, an denen man zwei Teile unterscheidet: den „Kopf“ als eigentlichen Samenkörper und den „Schwanz“, einen fadenähnlichen Anhang von vierhundertstel Millimeter Länge. Wegen der wellenförmig schlängelnden Bewegung dieses letzteren, die sich dem ganzen Gebilde mitteilt und dieses in gerader Richtung mit einer Geschwindigkeit von etwa 1½ bis 3½ Millimeter in der Minute vorwärts schiebt, hat man diese Samenkörperchen bis in die neueste Zeit für selbstständige tierische Organismen gehalten und deshalb „Spermatozoen“ oder Samentierchen genannt. Sie behalten ihre Beweglichkeit nach der Entleerung aus dem Organ, in welchem sie entstanden sind, noch durch mehrere Tage bei und bleiben ebenso lange befruchtungsfähig, verlieren sie aber sehr schnell im Wasser und in Säuren und gehen dann zu Grunde.

Die Samenkörper bilden sich in den zahlreichen, feinen, netzartig ineinander geschlungenen Samenröhren, deren Gesamtlänge ungefähr 400 Meter beträgt und die die eigentliche Masse der beiden Hoden bilden. Aus den Samenröhren wird der Same mittels des Samenganges durch den Leistenkanal zur Beckenhöhle und aus dieser zur Harnröhre geführt. Jeder Hoden hat seinen besonderen Ausführungsgang bis in die Harnröhre. Ganz nahe an der Einmündung in diese erweitert sich jeder Samengang für sich zu einer so genannten Samenblase, in welcher der fertig gebildete Same sich sammelt und die zugleich die zu seiner Verdünnung und Erhaltung nötige Flüssigkeit absondert.

Die weibliche keimbereitende Drüse wird „Eierstock" [ovarium] genannt. Auch sie ist, gleich den Hoden, in jedem Individuum paarweise, in zwei voneinander vollständig getrennten Exemplaren vorhanden. Die „Eierstöcke" liegen innerhalb des kleinen Beckens zu beiden Seiten der Gebärmutter und stellen sich als pflaumenähnliche, etwas platt gedrückte Gebilde von 4 cm Länge, 2 1/5 cm Breite und 1 3/10 cm Dicke dar, welche außen von einer festen Hülle umgeben sind, im Innern aus einem faserigen, gefäßreichen Gewebe bestehen und in zahlreichen Säckchen [den so genannten Graafschen Follikeln] die Eier enthalten. Das menschliche Ei ist eine rundliche Zelle von $^1/_3$ Millimeter Durchmesser, die in einer dicken, hellen Umhüllung [Membran] einen dunkelkörnigen Dotter mit bläschenartigem Kern [Keimbläschen] enthält. Das Keimbläschen umschließt wieder ein dunkles, rundliches Kernchen, den so genannten Keimfleck, mitunter auch deren zwei oder mehrere. Das Ei bildet sich nicht erst zur Seit der Geschlechtsreife, sondern ist schon beim neugeborenen Mädchen in dessen Eierstock vorhanden. Die Graafschen Follikel, welche die Eier bergen, sind in unreifem Zustande sehr klein und in die Masse des Eierstockes eingebettet, wachsen aber zur Zeit der Geschlechtsreife mehr und mehr an und treten an die Oberfläche hervor, während im Innern der Ovarien neue Follikel heranreifen. Sobald das Ei zu völliger Reife gediehen ist, löst es sich aus dem infolge seines Wachstums über die Oberfläche des Eierstockkörpers hervorragenden und schließlich platzenden

Follikel los und wird vom Eileiter aufgenommen. In die Höhlung des geplatzten Follikels tritt Blut ein, das sich mit den nun fettig entartenden Zellen der Innenwand des Follikels, die bis dahin das Lager des Eies gebildet hatten, zu einem Neugebilde, dem so genannten „gelben Körper" verbindet; dieser schrumpft allmählich ein und verschwindet schließlich ganz, wobei nur eine kleine Narbe zurückbleibt.

Mit der Abstoßung der reifen Eier vom Eierstocke sind aber noch andere Erscheinungen verbunden, welche in ihrer Gesamtheit den Vorgang der so genannten monatlichen Reinigung [Monatsfluss, Menstruation] darstellen. Ehe wir jedoch auf diesen wichtigen Vorgang näher eingehen, müssen wir zunächst die weiblichen Zeugungsorgane in ihrer Gesamtheit betrachten. Der Hauptbestandteil derselben ist die Gebärmutter, auch Fruchthalter oder Uterus genannt. Er besteht aus einem flaschen- oder birnförmigen Hohlkörper aus blassrötlichem Muskelgewebe, welcher in der Mitte des kleinen

Beckens*) liegt, außen vom Bauchfell, innen mit einer flimmernden Schleimhaut überzogen ist. Am untern Ende des Uterus, dem „Halse", befindet sich der Muttermund, seitlich sind die beiden „Eileiter", Muttertrompeten, auch Fallepische Röhren genannt, an die Gebärmutter angeheftet, sodass sie mit ihren inneren Enden durch kleine Öffnungen mit dieser in Verbindung stehen, während die äußeren mit Fran-

---

*) Becken nennt man das ringförmige Knochengerüst, welches das Gerippe des Rumpfes nach unten abschließt und sich aus dem rechten und linken Beckenbein mit den schaufelförmigen Hüft- oder Darm-, den bogenförmig nach vorne übergreifenden Schoß- und den nach unten gerichteten höckerigen Sitzbeinen sowie dem, am hintern Beckenumfange sich zwischen die beiden Beckenknochen einschiebenden und den Beckenring nach hinten abschließenden Kreuz- oder Heiligenbein zusammensetzt. Der obere, weitere Teil des Beckens heißt das große, der durch eine ringförmige Knochenleiste von jenem abgegrenzte untere Teil das kleine Becken. Dies ist die eigentliche Beckenhöhle, deren Bau mit Rücksicht auf die Schwangerschaft und den Geburtsakt von größter Wichtigkeit ist.

senkränzen umgebenen Mündungen derselben freibeweglich sind. Diese letzteren legen sich zur Zeit der Ablösung des reifen Eies vom Eierstock an diesen an, umfassen den reifen, zur Berstung sich vorbereitenden Follikel mit ihrem Fransenkranze und nehmen das losgelöste Ei auf, das nun durch den Eileiter in den inneren Raum der Gebärmutter gleitet.

An den Muttermund, der den Eingang zum Uterus von außen her darstellt, schließt sich die Scheide [Vagina], welche zur Aufnahme des männlichen Zeugungsgliedes bestimmt ist und deren Eingang die äußeren, weiblichen Geschlechtsteile bilden. In der Scheide und am Uterushalse bilden sich sauere, schleimige Absonderungen, welche für die Lebens- und Keimfähigkeit der Samenkörperchen verderblich sind, während die Absonderungen der Uterusschleimhaut zur Erhaltung derselben beitragen. Man hat in der Gebärmutter weiblicher Säugetiere die Bewegung der Samenfäden [das untrügliche Zeichen ihrer noch fortdauernden Keimfähigkeit] noch 7-8 Tage nach stattgefundener Begattung wahrgenommen, während ebenso sicher nachgewiesen ist, dass Samenfäden, die in der Scheide oder im Uterushalse zurückbleiben, sehr schnell zersetzt werden. Bedürfte es überhaupt eines Nachweises, dass der Schöpfer, als er das Fortpflanzungsgesetz schuf, nicht bloß die Befruchtung, sondern auch den Zeugungsakt als Mittel zu jener ganz besonders gewollt hat, so würde er ohne weiteres in dem Umstande zu finden sein, dass die Beschaffenheit der äußeren Geschlechtsteile des Weibes dem Befruchtungszwecke zuwiderläuft, dagegen den Bedingungen des Zeugungsaktes vollständig entspricht.

Die Geschlechtsreife kündigt sich beim weiblichen Geschlechte durch das Eintreten der Menstruation ein, die in unsern Gegenden gewöhnlich in die Zeit zwischen dem 14. und 16. Lebensjahre fällt

---

*) Daher auch der Namen „Regeln", mit welchem dieser Vorgang bezeichnet wird.

und sich von diesem Zeitpunkte an regelmäßig*) alle vier Wochen [einige geben die Frist genau auf 27 1/3 Tage an] wiederholt, jedoch während der Schwangerschaft und in der Zeit, in welcher die Mutter ihr Kind säugt, aussetzt. Fälle, in denen die Menstruation während der ersten Monate, ja sogar während der ganzen Dauer der Schwangerschaft fortdauert, gehören zu den seltenen Ausnahmen. Bei gesundem Leibe und normaler Beschaffenheit der Geschlechtsorgane dauert der Monatsfluss 2–5 Tage, und die Menge des dabei hauptsächlich infolge des Berstens kleinerer Blutgefäße in der Gebärmutterschleimhaut abgehenden Blutes beträgt 1–2 Zehntelkilogramm. Der ganze weibliche Organismus wird dabei in Mitleidenschaft gezogen. Die Brüste schwellen an, der Blutkreislauf wird erregter, die Hautausdünstung nimmt einen eigentümlichen Geruch an, die Sinnesorgane werden empfindlicher gegen äußere Vorgänge. Am stärksten macht sich der Einfluss der Menstruation auf die Geschlechtsorgane geltend. Infolge des starken

Blutandranges nach dem Becken steigert sich die Wärme in den von diesem eingeschlossenen Organen: die Schleimhaut der Gebärmutter wird sehr blutreich, schwillt an, nimmt eine dunkelrote Färbung an und lockert sich, ja ihr Überzug*) scheint sich bei jeder Monatsreinigung abzustoßen und durch einen neuen zu ersetzen. Man kann sagen, die Gebärmutter bereite sich durch diese Veränderungen ihrer Schleimhaut zur Aufnahme des befruchteten Eies vor, dessen Entwicklung zur Frucht, wie wir später sehen werden, eine vollständige Umwandlung der Beschaffenheit des Geburts-

*) Wie die Schleimhaut der Nase und ihrer Nebenhöhlen, des Kehlkopfes, der Luftröhre, der Hirnhöhlen u. a. Teile des menschlichen Körpers ist auch diejenige des Uterus mit einem so genannten Flimmer-Epithelium überzogen, einem mit Flimmern oder Wimpern von 1/100 bis 7/1000 Millimeter Länge besetzten Zellengewebe, das durch die schwingende Bewegung der Wimpern zur Fortschiebung kleiner Körper [z. B. Staubkörner in den Luftwegen, Samenkörperchen in den Eileitern] geeignet ist.

organs erfordert. Die Eierstöcke stoßen in dieser Zeit das gereifte Ei ab, das nun seiner Befruchtung entgegensieht.

Wie schon erwähnt, findet diese Befruchtung durch den Zeugungsakt statt. Bei den Säugetieren tritt, wie bereits gesagt, die Erregung des Geschlechtstriebes bei Männchen und Weibchen in gewissen Zeitabschnitten ein und fällt mit der periodischen Ablösung reifer Eier bei den letzteren und der gleichzeitigen Samenbildung bei den ersteren zusammen. Es ist dies die so genannte Brunstzeit, außerhalb der weder beim Männchen noch beim Weibchen der Geschlechtstrieb rege wird. Beim Menschen dagegen ist nur das weibliche Geschlecht in Bezug auf die Befruchtungsfähigkeit von dem periodischen Eintreten der Menstruation*) abhän-

*) Mit dem Aufhören der Menstruation, das mit dem Aufhören der Tätigkeit des Eierstockes, d. h. der Hervorbringung reifer Eier zusammenfällt, erreicht auch - gewöhnlich gegen Ende der Vierziger Jahre - die Zeugungsfähigkeit des Weibes ihr Ende.

gig, während beim Manne die Samenbereitung ohne Unterbrechung bis ins höhere Alter, ja häufig bis an das Lebensende fortdauert, also auch der Geschlechtstrieb nicht an bestimmte Zeiten gebunden ist. Da der männliche Samen, wie schon früher bemerkt, seine Keimfähigkeit mehrere Tage lang beibehält, und da sich die Weiterbeförderung der Samenkörperchen durch ihre eigene Bewegungsfähigkeit und durch die Flimmern im Uterus und den Eileitern gleichfalls auf mehrere Tage erstrecken kann, so kann ein Zeugungsakt, der vor dem Eintritt der Menstruation stattgefunden hat, ebenso wohl zur Befruchtung des erst später sich loslösenden Eies führen, wie ein solcher, der erst nach der Menstruation stattfindet. Es kommt sogar vor, dass die Schwangerschaft nach einem Zeugungsakte eintritt, der in der Mitte zwischen zwei Menstruationen ausgeübt worden ist.

Wenn beim Manne der Geschlechtstrieb rege wird, so macht er sich zuerst durch Blutandrang nach dem äußeren Geschlechtsteile, dem männli-

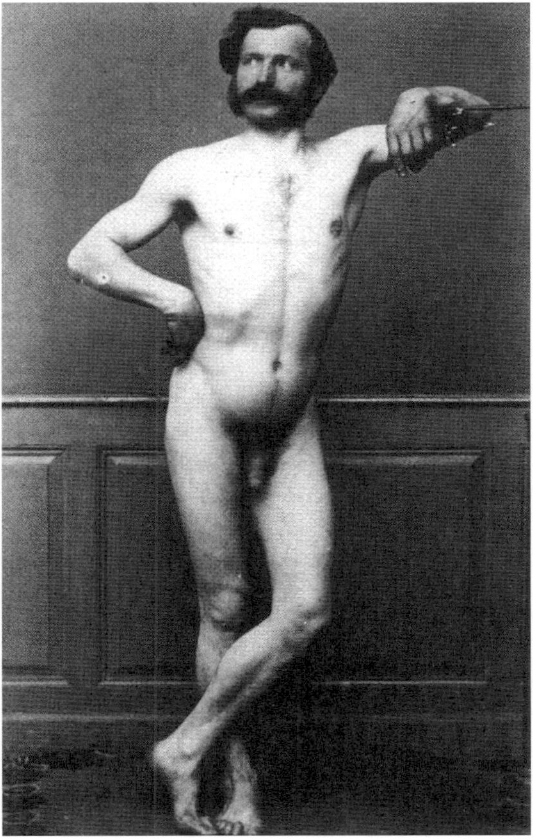

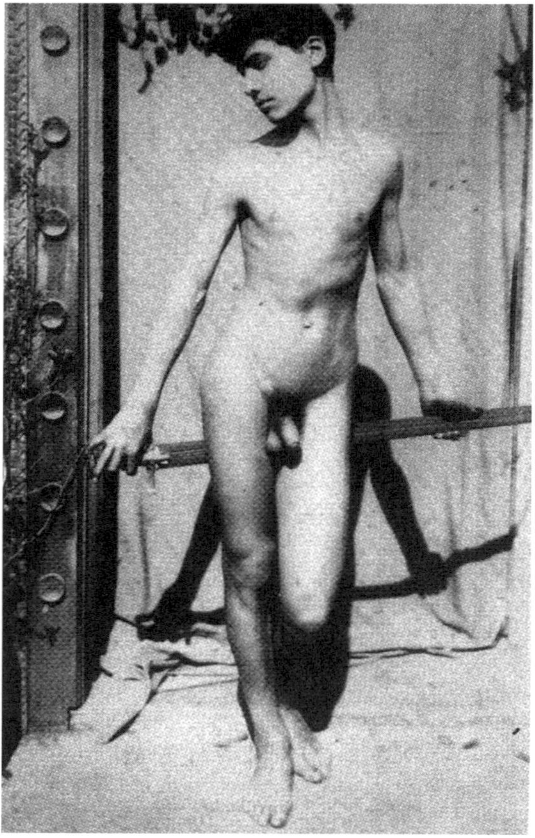

chen Gliede [auch Rute oder Penis genannt] bemerkbar. Dieses Glied, welches von walzenförmiger Gestalt ist, läuft in eine eichelförmige Spitze aus, ist aus Schwamm- und Zellkörpern zusammengesetzt und sehr reich an Blutgefäßen. Die in demselben eingeschlossene Harnröhre nimmt den Samen nebst den übrigen bei der Entleerung ausfließenden Absonderungen auf und ergießt ihn in heftigem Strahl, der durch die Druckkraft verschiedener Muskeln fortgeschleudert wird, in das weibliche Geschlechtsorgan. Die Scheide des letzteren ist hinsichtlich ihrer Weite, Länge und Lage dem männlichen Gliede angepasst, sodass die Eichel des letzteren bis an den Muttermund oder wenigstens in dessen nächste Nähe vordringen und der Same von diesem aufgenommen werden kann. Das männliche Glied, das durch den mit der geschlechtlichen Erregung verbundenen Blutandrang strotzend mit Blut gefüllt und dadurch steif und hart wird, nimmt in Folge der mit diesem Zustande verbundenen Spannung eine etwas nach aufwärts gekrümmte Gestalt an, die derjenigen der weiblichen Scheide völlig entspricht. Der Zeugungsakt selbst besteht im stoßweisen Vorschieben des Penis in der Scheide, das bis zur Entleerung des Samens fortgesetzt wird. Nach dieser tritt sehr bald die Erschlaffung und das Zusammenfallen des Gliedes ein, der eine allgemeine Abspannung der Muskeln und Nerven folgt. Die Natur selbst erfordert jetzt von beiden Teilen völlig ruhiges Verhalten und bietet in einem tiefen, stärkenden Schlaf das beste Mittel, um die Aufregung und Anstrengung des Zeugungsaktes wieder vollständig auszugleichen.

Die Befruchtung des Eies durch den Samen kann am Eierstock selbst erfolgen, wenn keimfähiger Samen in dem Augenblicke im Eileiter, oder besser besagt an dessen Mündung, vorhanden ist, in welchem sich diese mit ihrem Fransenkranze an das dem Follikel entschlüpfende Ei anlegt, um es aufzunehmen und nach dem Uterus zu befördern. Sie kann sich auch im Eileiter vollziehen, wenn in demselben das nach der Gebärmutter wandernde Ei mit keimfähigen Samenkörperchen zusammentrifft. Endlich kann sie unter der gleichen Voraussetzung im Uterus stattfinden. Die Befruchtung geschieht allem Anscheine nach in der Weise, dass die Samenkörper durch feine Öffnungen in der Eihaut in das Innere des Eies eindringen und sich im Dotter derselben auflösen, wodurch dieser letztere zur mechanischen Zersetzung [Furchung] und Zellenbildung veranlasst wird. Das befruchtete Ei wird in der Gebärmutter festgehalten, vergrößert sich in derselben durch Aufsaugung von Flüssigkeit aus der Uterusschleimhaut und treibt aus seiner ganzen Oberfläche stumpfe Zotteln hervor, die sich verlängern, verästeln und wie Wurzeln in die aufgelockerte Uterusschleimhaut eindringen. An der Vereinigungsstelle bildet sich allmählich der so genannte Mutterkuchen [Placenta], welcher späterhin die Ernährung des im Innern des Eies sich entwickelnden Menschenkeimes [Embryo] vermittelt. Mit dem Wachstum der Frucht nimmt auch die Gebärmutter nicht bloß durch einfache Ausdehnung, sondern durch Neubildung von Muskelfasern an Größe und Masse zu; ihre Länge vermehrt sich um das Dreifache, ihre Breite um das Vierfache der normalen Maße, welche 6-8 Zentimeter in der Länge und 4-5 Zentimeter in der Breite betragen, sodass der Hohlraum der Gebärmutter, welcher im nicht schwangeren Zustande ungefähr $1^1/_2$ Kubikzentimeter misst, zu Ende der Schwangerschaft etwa 680 Kubikzentimeter in sich fasst. Die Entwicklungsgeschichte der menschlichen Frucht und den Verlauf der Schwangerschaft im Einzelnen zu beschreiben, würde zu weit führen. Es genügt die Angabe, dass eine regelmäßig verlaufende Schwangerschaft 9 Sonnen- oder 10 Mondesmonate [40 Wochen oder 280 Tage] dauert, oft aber auch auf 270 Tage heruntergehen oder auf 300 [sogar bis 322!] Tage ansteigen kann.

Zweites Kapitel.

Hauptregeln für die Ausübung des Zeugungsaktes.

Obwohl ein fruchtbringender Zeugungsakt unter allen Umständen als das Werk der besonderen Gnade Gottes betrachtet werden muss, so darf der christlich gesinnte Mensch darum doch nicht außer Acht lassen, dass die Eigenart der ihm zum Zeugungszwecke verliehenen Organe auch ein eigenartiges Verhalten beim Zeugungsakte erfordert, wenn dieser seinen Zweck erreichen soll. Ich lasse daher hier einige Anweisungen für das Verhalten im Ehebette folgen.

Wie schon im vorigen Kapitel erwähnt, ist der Mann, dessen Zeugungstrieb und Zeugungsfähigkeit ununterbrochen fortdauert, hinsichtlich des Zeugungsaktes der bestimmende und zugleich der hauptsächlich tätige Teil, indem er durch Einführung des Gliedes in die Scheide und stoßweise Vor- und Rückwärtsbewegung desselben die Samenentleerung bewirkt. Der Vollständigkeit halber soll hier nur noch angeführt werden, dass der Mann bei der ersten Begattung einer Jungfrau, also im Hochzeitsbette, mit seinem Gliede das so genannte Jungfernhäutchen durchbrechen muss, welches als halbmondförmige Verdoppelung der Schleimhaut den Eingang in die jungfräuliche Scheide verschließt und in der Regel nur eine kleine Öffnung übrig lässt, welche eben hinreicht, um dem Monatsfluss den Durchgang zu gestatten. Die Durchbrechung des Jungfernhäutchens verursacht in der Regel der Frau einen kleinen Schmerz, und es fließt auch in den allermeisten Fällen nach der ersten Begattung etwas Blut aus der weiblichen Scham, ein Umstand, welcher als Zeichen einer unverletzten Jungfrauschaft betrachtet wird. Indessen können doch auch Fälle vorkommen, dass durch einen Fall oder Stoß vorher schon dieses Häutchen zerrissen worden ist, sodass alsdann, auch bei vollkommen unverletzter Jungfrauschaft, dennoch bei dem ersten Beischlafe kein Blut aus den weiblichen Geschlechtsteilen fließt.

Das Weib verhält sich bei der Begattung mehr leidend als handelnd. Die Rolle, welche die Natur ihr beim Zeugungsakte zugewiesen hat, ist die des „Empfangens", während der Mann der tätig zeugende Teil ist. Immerhin muss auch das Weib am Zeugungsakte in gewissem Sinne tätig teilnehmen, nicht bloß darum, weil ein ausschließlich duldendes Verhalten vom Manne leicht als Gleichgültigkeit oder Gefühlskälte ausgelegt werden und ihn verstimmen und abschrecken könnte, sondern auch aus dem Grunde, weil die Befruchtung unter Mitwirkung des Weibes erleichtert wird und, wie wir später hören werden, diese Mitwirkung mutmaßlich eine wichtige Rolle hinsichtlich der Geschlechtsbildung des zu erzeugenden Kindes spielt.

Das Verhalten der Frau sei Folgendes:

Auf dem Rücken liegend entferne sie die Oberschenkel voneinander und ziehe dieselben gegen den Unterleib hinauf. Der Mann nähert sich dem so geöffneten Schoße mit seinem Gliede und dringt mit diesem in die Scheide ein. Die Frau darf sich der Annäherung des männlichen Gliedes selbst dann nicht entziehen, wenn, wie es gewöhnlich geschieht, die Durchbrechung des Jungfernhäutchens etwas schmerzlich wäre, oder wenn sie überhaupt von zurückhaltender Natur ist und vor der innigen Geschlechtsverbindung eine gewisse Scheu hat. Um im eigentlichen Sinne Ein Fleisch mit dem Manne zu werden, muss sie vielmehr, durch Hebung des Unterleibes, mit den Geschlechtsteilen dem Manne möglichst weit entgegenkommen. Nur auf diese Weise wird der Zweck des Beischlafs erreicht, während die Nichtbeobachtung dieser natürlichen Regel die Befruchtung verhindern und alle diejenigen oft bedenklichen Nachteile herbeiführen kann, welche mit einem unvollkommenen Beischlafe für Frau und

Mann verbunden sind, und von denen an einem andern Orte ausführlicher gesprochen werden soll.

Außer dem aufrechten Gange und dem himmelwärts gerichteten Blicke ist es auch noch die besondere Stellung, welche dem Menschen durch die Natur beim Beischlafe angewiesen ist, wodurch sich derselbe, auch seiner äußeren Bildung nach von den Tieren unterscheidet. Während nämlich bei der Begattung der Tiere die Angesichter derselben voneinander weggekehrt sind, so sollen die menschlichen Gatten bei dieser so wichtigen Lebensverrichtung mit den edelsten und schönsten Teilen ihres Leibes, dem Angesicht und der Brust einander zugewendet sein. Schon der Bau des weiblichen Beckens, die Lage der weiblichen, äußeren und inneren Geschlechtsteile, die von oben nach unten und hinten leicht aufwärts gekrümmte Gestalt der Scheide, welche der Stellung und Gestalt des zum Beischlaf aufgerichteten männlichen Gliedes auf das Genaueste entspricht, die Berührung des weiblichen Muttermundes durch das männliche Glied sowie die womöglich in den Muttermund selbst zu entrichtende Ausleerung des männlichen Samens: Alle diese Verhältnisse deuten unverkennbar darauf hin, dass die eheliche Beiwohnung von vorne zu geschehen hat, sodass das Weib auf dem Rücken liegt.

Bei dieser Rückenlage des Weibes ist jedoch außer der bereits vorhin gegebenen Vorschrift noch manches andere wohl in Acht zu nehmen, wenn der Zweck der ehelichen Beiwohnung erreicht werden und keiner der beiden Ehegatten an seiner Gesundheit Schaden erleiden soll.

Nicht selten ist es nämlich der Fall, dass die Geschlechtsteile eines Weibes mehr als gewöhnlich nach hinten liegen; ebenso kann das männliche Glied im Verhältnis zur Mutterscheide zu kurz sein. Wie schon weiter oben erwähnt, zersetzt der Schleim der weiblichen Scheide die Samenkörperchen in kurzer Zeit. Gelangt nun das männliche Glied nicht so nahe an den Muttermund heran, dass der ausspritzende Samen in diesen eindringen kann, so kann die Befruchtung entweder gar nicht oder doch nur in seltenen Ausnahmefällen - sozusagen zufällig - stattfinden. - In beiden hier angeführten Fällen würde also der Zweck des Beischlafes höchstwahrscheinlich vereitelt werden, wenn das Weib nicht durch entgegenkommendes Verhalten die bestehenden Missverhältnisse ausgleicht.

Zur ehelichen Beiwohnung eignen sich im Allgemeinen und ganz besonders in den oben angeführten Fällen feste, elastische Matratzen von Pferdehaar viel besser als weiche Federbetten, und zwar aus dem einfachen Grunde, weil das Weib auf solchem Lager das Becken samt den Geschlechtsteilen viel leichter erheben und so dem Manne entgegenkommen kann.

Ebenso wird die eheliche Beiwohnung bedeutend erleichtert, wenn während derselben alle Kopfkissen entfernt werden, sodass das Weib in waagerechter Lage auf dem Rücken liegt. Bei erhöhter Kopflage bildet der Körper des Weibes einen stumpfen Winkel, dessen Spitze gerade in die Gegend fällt, wo die Geschlechtsteile liegen. Es ist also bei solcher Lage ein größerer Kraftaufwand von Seite des Mannes erforderlich, um bis in möglichste Nähe des Muttermundes zu gelangen, der infolge der gekrümmten Lage ziemlich beträchtlich nach hinten und aufwärts verschoben wird. Der Mann empfindet das Hindernis, das ihm die Ausübung des Zeugungsaktes erschwert, wird sich aber in der Aufregung über dessen Natur nicht klar und sucht es instinktiv durch heftigere Bewegungen zu überwinden, wobei er dem Weibe und sich selbst leicht Schaden zufügen kann.

Das Weib kann sich selbst das nötige Entgegenkommen am besten dadurch erleichtern, wenn sie beide Oberschenkel so hoch an den Unterleib anzieht, als es eben möglich ist. Bisweilen kann dieses Entgegenkommen auch dadurch befördert werden, wenn das Weib mit den Unterschenkeln die entgegenstehenden Schenkel des Mannes kreuzweise umfasst. Auf diese Weise kann, durch verdoppelte Hebelkraft der Muskeln, ohne vermehrte Anstrengung der untere Teil des weiblichen Beckens nach oben gehoben werden, sodass das Wort der heiligen Schrift „Und sie werden Beide sein Ein Fleisch“ in seiner vollen Bedeutung erfüllt werden kann.

Die Wichtigkeit der auf diese Weise erzielten Vorteile wird nicht allein aus dem dadurch zu erzielenden zweckdienlichen Ergebnis des Beischlafes, sondern auch aus den üblen Folgen klar, welche ein fortgesetzter, unvollkommener Beischlaf für Mann und Frau herbeiführt.

Diese sind:

1. Das Weib selbst erfährt von der geschlechtlichen Befriedigung nur wenig oder nichts, sondern wird im Gegenteil nur in schädliche Aufregung versetzt. Ohne die von der Natur geforderte Sättigung des geschlechtlichen Begehrens wird dem Weibe die Umarmung des Gatten zuletzt oft zur unerträglichen Last und Pein, wodurch das eheliche Glück nicht selten bedeutend gestört werden muss. In der ärztlichen Praxis kommen leider häufig genug Fälle von solchen unglücklichen Eheverhältnissen vor. Manche Frau weist ihren kräftigen,

liebesbedürftigen und im Übrigen auch geschätzten und geliebten Mann mit der schnödesten Härte, ja sogar mit Grobheiten zurück, sooft er sich ihr ehelich nähern will. Ja, es kommt vor, dass die vor der ehelichen Umarmung zurückscheuende Gattin dem Ehegemahl schon während des Tages, wenn er durch erhöhte Vertraulichkeit und Zärtlichkeit im Umgange den Verdacht erweckt, dass er das Verlangen nach ehelicher Annäherung trage, lediglich darum mit Kälte und Härte begegnet, um ihm schon von vornherein für die bevorstehende Nacht alle Hoffnung abzuschneiden. In einem solchen Falle hatte der Mann, nachdem er diesen Zustand jahrelang mit musterhafter Geduld ertragen, endlich ärztlichen Rat eingeholt, und da stellte sich denn bald heraus, dass bloß die falsche Stellung bei der ehelichen Beiwohnung die Ursache dieses Jammers war. Der Arzt gab die passenden Anweisungen, und siehe, die Frau teilte nun zum ersten Male die volle Befriedigung ehelicher Zärtlichkeit mit ihrem Manne. Der alte Wider-

wille gegen seine Umarmungen war in einer
Nacht verschwunden; der Schaden war geheilt,
und so feierten die Leutchen nach vielen Jahren
erst ihr eigentliches Hochzeitsfest.

2. Fast schlimmer noch als der Widerwille ge-
gen die eheliche Umarmung von Seiten des Wei-
bes ist die noch viel häufiger vorkommende unvoll-
ständige Geschlechtsbefriedigung. Diese hat näm-
lich nicht bloß eine Störung des Eheglücks, son-
dern auch tiefe Störungen der Gesundheit, nament-
lich derjenigen des Weibes, zur Folge. Es kann
Unregelmäßigkeit oder gänzliches Ausbleiben des
Monatsflusses, weißer Fluss, Unfruchtbarkeit, be-
sonders aber eine solche Zerrüttung im Nervenle-
ben entstehen, dass sich am Ende eine vollkomme-
ne Hysterie und mit dieser d- ganze Heer derje-
nigen Übel einstellt, welche diese lästige und das
Leben so vielfach verbitternde Krankheit zu beglei-
ten pflegen. Auch die so genannten „Frauenkrank-
heiten" sind sehr häufig die Folge eines solchen
unglücklichen Ehelebens. Diese Krankheiten sind

meist sehr langwierig und in vielen Fällen überhaupt unheilbar. Hierher gehören namentlich die Erkrankungen der Gebärmutter und der Eierstöcke, die in ihren bösartigeren Formen lebensgefährliche Operationen notwendig machen, durch welche im günstigsten Falle das Leben der Erkrankten gerettet, niemals aber die Zeugungsfähigkeit wiederhergestellt werden kann.

Aber auch dem Manne droht bei unvollkommenem Beischlaf eine nicht unbedeutende Gefahr. Da ein solcher Beischlaf immer viel angreifender ist und daher auch viel schwächender wirkt als der vollkommene und ordentliche, so kann am Ende eine allgemeine Nervenschwäche, Hypochondrie, männliches Unvermögen, vorzeitiges Altern, ja, zuletzt auch Verhärtung der Hoden und im schlimmern Falle Geistesschwäche und früher Tod die Folge davon sein. Genug, ein unvollkommener Beischlaf steht [das Sündliche abgerechnet] seiner Wirkung und Folge nach mit der Selbstbefleckung ziemlich gleich. Denn wenn auch

letztere namentlich bei jugendlichen Personen, die Gesundheit schneller zerrüttet, so bleiben doch die genannten Folgen des unvollkommenen Beischlafes ebenso wenig aus; ja sie müssen sich um so früher offenbaren, je mehr sich noch andere ungünstige, der Gesundheit schädliche Umstände dazugesellen.

Zum Schlusse noch eine Bemerkung. Die Rückenlage des Weibes beim Beischlafe ist, wie bereits gesagt, die natürliche, und folglich auch die beste. Nichtsdestoweniger können Fälle vorkommen, welche den Beischlaf auf solche Weise unmöglich machen. Es würde zu weit führen, wollte ich hier auf Einzelheiten eintreten; auch kommen derlei Fälle so selten vor, dass eine besondere Belehrung darüber für die größte Mehrzahl der Leser keinen Zweck hätte. Immerhin erscheint der dringende Rat hier angebracht, dass, sobald man sich von der Unmöglichkeit eines vollkommenen Beischlafes auf normale Weise überzeugt hat, ja nicht versäumt werde, sofort einen erfahrenen Arzt deshalb zu Rate zu ziehen. Man berate aber womöglich einen solchen, der zugleich Geburtshelfer ist. Auch verständige und erfahrene Hebammen können in solchen Fällen oft die richtige Anweisung geben; besser ist aber immer die Beratung mit einem tüchtigen Frauenarzt und Geburtshelfer.

Drittes Kapitel.

Vom richtigen Maßhalten im Ehebette.

Obgleich sich über diesen Punkt bestimmte Regeln nicht aufstellen lassen, weil die Leibesbeschaffenheit und gesundheitliche Verfassung der Einzelnen sehr verschieden ist und die Lebens- und Berufsverhältnisse, die Art und das Maß der Tätigkeit, das Klima und andere Umstände in dieser Beziehung ein gewichtiges Wort mitsprechen, so betrifft doch die Frage, wie oft der Beischlaf ohne Gefahr für die leibliche und sittliche Gesundheit und mit Rücksicht auf die möglichst lange Erhaltung der körperlichen und geistigen Vollkraft geschehen darf, einen von den wichtigsten Gegenständen, welche in einem Büchlein, wie das vorliegende, behandelt werden müssen.

Vor allem steht fest, dass die Entscheidung über die Frage, wann oder wie oft der Beischlaf auszuüben ist, nicht vom Weibe, sondern vom Manne ausgehen muss. Diese Ordnung beruht, wie schon früher bemerkt, nicht allein auf der natürlichen Bestimmung des Weibes als des empfangenden Teiles, sondern auch auf dem in der Bibel [„Dein Wille soll Deinem Manne unterworfen sein und er soll Dein Herr sein." 1. B. Mose, 3, 16] verkündeten göttlichen Willen; dazu kommt noch, dass das Weib ohne Schaden für seine Gesundheit den Beischlaf weit öfter als der Mann ausüben kann, weil dieser, weniger durch den Verlust des Samens, als vielmehr infolge der Überreizung des Gehirns und Rückenmarkes bei allzu häufiger Begattung den schlimmsten Gefahren für seine Gesundheit [allgemeine Schwäche, vorzeitiges Altern, Rückenmarkschwindsucht, Gemüts- und Geisteskrankheiten] ausgesetzt ist, während das Weib sich schon in sehr hohem Grade geschlechtlichen Ausschweifungen hingeben müsste, um ernstliche schlimme Folgen [wie Erkrankung der Geschlechtsteile, Störungen der Monatsreinigung, hysterische und andere krampfartige Nervenzustände] davon zu haben. Es ist daher allein des Mannes Sache, sich, sooft er eben will, seiner Gattin ehelich zu nahen. Allerdings könnte zuweilen das Bedürfnis der Frau stärker sein als es der Mann zu befriedigen imstande ist, aber nicht die Geschlechtsbefriedigung, sondern die Fruchtbarkeit ist der vornehmste Zweck der Ehe, und diese zu erzielen, ist naturgemäß Sache des befruchtenden, nicht des empfangenden Teiles.

Genug, das Weib tut recht und handelt wahrhaft christlich, wenn sie den Mann nicht aus eigenem Antriebe zum Beischlafe reizt. Ebenso christlich als klug handelt sie aber auch, wenn sie sich, so oft es ihr möglich ist, dem Manne willig und ohne alle Ziererei hingibt, sobald er danach verlangt. Am wenigsten lasse sich aber je das Weib soweit betören, dass sie etwa in solchen Augenblicken, wo der

Mann ihr zärtlich entgegenkommt, die Andächtige und Heilige spiele. Ein solches abgeschmacktes Verfahren würde jeden ernst und wahr denkenden Mann abschrecken, dem Strenggläubigen zum mindesten unpassend erscheinen, denjenigen aber, der auf den Kirchenglauben wenig oder gar nichts hält, nicht nur gegen das törichte Weib, sondern durch dessen Schuld zugleich auch gegen das Christentum und den Glauben selbst zur Empörung reizen. Möchte daher jedes wahrhaft gläubige Weib solch ärgerlichem, scheinheiligen Wichtigtun im Ehebette entsagen, zumal da dasselbe im Grunde meist nur als eine dem Weibe anhängende Eitelkeit zu betrachten ist.

Sooft bei dem gesunden Manne, nach längerer oder kürzerer Zeit der Enthaltung, ohne vorsätzliche und künstliche Erregung des Geschlechtstriebes, vielleicht mitten in dem ernstesten Getriebe und Getümmel des geschäftlichen Lebens, also aus dem innersten Bedürfnisse heraus und in natürlicher Folge der Reizung des in kräftiger Fülle vorhandenen Samens, ein starker, feuriger Drang zur ehelichen Umarmung erwacht, so soll derselbe, Gottes Ordnung gemäß, ohne alle Bedenklichkeiten befriedigt werden; es sei denn, dass von Seiten des Weibes Gegenanzeichen vorhanden wären, welche für dieses Mal dem Manne die Bändigung seines Geschlechtstriebes gebieten würden. Von diesen Gegenanzeichen des Beischlafes von Seiten der Frau wird aber an einem anderen Orte gehandelt werden.

Unter den angeführten Umständen wird die eheliche Umarmung in jeder Hinsicht wohltätig auf den Mann einwirken. Ein sanfter, fester und erquickender Schlaf wird sich bald nach derselben einstellen, und er wird am folgenden Morgen an Leib und Seele kräftig und heiter, mit besonderer Munterkeit und Lust sein Tagewerk treiben; Appetit und Verdauung werden in guter Verfassung sein und es wird dieses lebenskräftige Wohlbehagen so lange anhalten, bis sich unter den gleichen Voraussetzungen ganz von selbst das Verlangen nach der ehelichen Beiwohnung aufs Neue kundgibt.

Hiernach werden sich nun leicht folgende allgemeine, für alle Stände und jede Leibesbeschaffenheit anwendbare Regeln über das rechte Maß in der Wiederholung des Beischlafes festsetzen lassen:

1. Hüte dich vor allen geflissentlichen und künstlichen Erregungen der Geschlechtslust durch wollüstiges Buhlen, durch besonders reizende Speisen und Getränk, oder gar durch zur Wollust reizende Arzneien. Jeder Gedanke, auf diese oder jene Weise die bereits erschöpfte Kraft gewaltsam wieder aufzuwecken, ist als eine Hurerei im Ehestande und als sündliche, strafbare Entweihung desselben zu betrachten. Dass jedoch eine wechselseitige Zärtlichkeit zwischen Eheleuten dadurch nicht verdächtigt oder verpönt werden soll, versteht sich wohl von selbst; nur von einer absichtlichen und gewaltsamen Erweckung des bereits erschöpften oder erholungsbedürftigen Zeugungstriebes ist hier die Rede.

2. Wiederhole den Beischlaf so oft, als ohne absichtliche Erregung der ehelichen Lust, also selbsttätig, ein unwillkürlicher Trieb dazu in dir er-

wacht; unterlasse ihn dagegen, wenn der Geschlechtstrieb erst gewaltsam erweckt werden muss und wenn sich das Gefühl der Unlust und Schlaffheit geltend macht. Wer unter solchen Umständen sich überhaupt zur ehelichen Beiwohnung anschickt, hat sich dadurch allein schon an Gott und an sich selbst versündigt und gibt sich zudem vor einer keuschen, sittenstarken Frau eine kaum wiedergutzumachende Blöße. Hat er aber einmal eine solche Torheit begangen, so tut er immer noch besser, von zwei Übeln das kleinere zu wählen und, sobald er merkt, dass die Spannung des Gliedes ohne Samenentleerung wieder nachlässt oder dass sich diese letztere ungewöhnlich lang hinauszieht, den Akt zu unterbrechen, wenngleich dies sonst unter allen Umständen aufs Strengste zu vermeiden ist.

3. Äußerst schädlich und nervenmörderisch ist es, nach eben stattgefundener Begattung und Samenentleerung sofort zu einem zweiten Akte zu schreiten, beziehungsweise durch Fortsetzung der Begattungs-

bewegungen eine nochmalige Erregung des Gliedes und Samenentleerung herbeiführen zu wollen. Überhaupt ist die Wiederholung des Beischlafes in einer und derselben Nacht selbst bei ganz jungen und kräftigen Eheleuten und im allerersten Anfange des ehelichen Lebens als zweckwidrige und gesundheitsschädliche und darum auch sündhafte und unchristliche Unmäßigkeit zu verdammen.

4. Gib darauf Acht, wie du dich nach dem Zeugungsakte leiblich und geistig befindest. Bist du nach demselben, beziehungsweise nach darauf gefolgtem, gesundem Schlafe, heiter, tatkräftig und zu allen deinen Berufsgeschäften, besonders auch zum Gebete, wohl aufgelegt, so hast du das rechte Maß getroffen; ist aber das Gegenteil der Fall, so hättest du den Beischlaf für dieses Mal unterlassen sollen.

5. Die öftere Beobachtung deines Befindens nach dem Beischlafe wird dir allmählich ganz von selbst dasjenige Maß angeben, welches du für deine Person zu beobachten hast.

Neben diesen allgemeinen Regeln lassen sich noch folgende besondere, bestimmtere Vorschriften erfahrungsgemäß feststellen:

1. Für ältere, schwächliche und kränkliche Leute wird, wenn überhaupt der Beischlaf noch zulässig ist, ein Monat das Maß bestimmen, vorausgesetzt, dass sie sich zur Zeit verhältnismäßig wohl befinden, keine anstrengenden Arbeiten hinter oder vor sich haben, ihr Sinn und Gemüt durch nichts besonderes aufgeregt ist und der Geschlechtstrieb sich ganz von selbst regt.

2. Für jüngere, aber ebenfalls nicht ganz kräftige Leute, würde der Beischlaf unter den gleichen Voraussetzungen etwa alle vierzehn Tage zulässig sein.

3. Für jüngere kräftige Leute würde im Durchschnitt das Luthersche Wort maßgebend sein:

„Der Woche zwier,
Macht's Jahr hundert und vier,
Schadet weder mir noch dir"

wenn nicht durch das nervöse Treiben, welches durch das moderne Hasten und Jagen nach Gold und Genuss in unsere ganze Lebensführung gekommen ist, und das auch schon die Jugend in den allgemeinen Strudel mithineingezogen hat, das jetzt lebende Geschlecht schon so frühzeitig der Entnervung anheim fiele, dass die Jugend fast noch strengerer Schonung bedarf als das reifere Alter. Immerhin mag die Zahl stehenbleiben, da sie ja doch von der Mehrzahl der jungen Eheleute eher überschritten als unterboten werden dürfte.

4. Aber auch für jüngere und kräftigere Eheleute würde sich die Anwendung der Paulinischen Regel sehr empfehlen, nach welcher von Zeit zu Zeit freiwillig und im beiderseitigen Einverständnis eine längere Enthaltung zu üben ist. Eine solche Entsagung wird, wenn sie ohne alle schwärmerische und werkheilige Überspanntheit geschieht, allezeit für Leib und Seele von großem Segen sein. Ich komme auf diesen Punkt später noch zurück.

Dass die soeben angegebenen Regeln in der Natur des Menschen begründet, und demnach als Gottes Ordnung zu betrachten sind, davon können sich auch ohne besondere Belehrung alle Eheleute im Verlaufe ihrer Ehe durch eigene Erfahrung überzeugen. Diese Erfahrungen werden aber leider nur zu oft sehr teuer und meist auch zu spät mit dem Verluste der Gesundheit, ja selbst des Lebens erkauft. Es ist daher von großer Wichtigkeit, dass man die in Rede stehenden Regeln kenne und befolge, solange sie noch ihren Nutzen haben und großen Schaden verhüten können. Da nun die Befolgung derselben gerade dann, wenn sie am nötigsten ist, nämlich gleich beim Anfange der Ehe, die meisten Schwierigkeiten darbietet, so ist es hier ebenfalls ganz am Platze, einige Anweisungen zu geben, wie die eheliche Mäßigkeit gleich von Anfang an durchzusetzen und damit zugleich die oft so verderblichen Folgen der Unmäßigkeit im Eheleben am besten zu vermeiden sind.

Fassen wir zunächst die veranlassenden Ursachen der ehelichen Unmäßigkeit an sich näher ins Auge.

Auch unter günstigsten Umständen geht immer ein längerer oder kürzerer Brautstand der Ehe voran. In dieser Zeit erwachen auch bei den reinsten und keuschesten Brautleuten diejenigen Triebe mit unwiderstehlicher Macht, welche vorher, wenigstens bei gut erzogenen, wahrhaft frommen Jünglingen und Jungfrauen unter einer strengen Zucht der Gnade und Schamhaftigkeit verschlossen, nur von Zeit zu Zeit ihr Dasein durch ein mächtiges Verlangen nach dem Fleische verraten hatten. Der Gegenstand solchen Verlangens ist nun gefunden. Der Bräutigam sieht in der Braut und diese in jenem den Inbegriff des Liebenswerten und aller Seelen- und Körperreize; göttliche und menschliche Gesetze billigen dieses Bündnis, und die bräutliche Liebe feiert ihren Wonnemond. Nur in sehr seltenen Ausnahmefällen ist dieser Blütestand der Liebe von dem Zauber allzu starker seelischer und geschlechtlicher Überspannung frei. Genug, wo irgendein

ELD

J.C.
PARIS

Ehebund mit wechselseitiger Zuneigung geschlossen wird, da wacht während des Brautstandes auch mehr oder weniger das Bedürfnis auf, mit dem geliebten Gegenstande nicht bloß Ein Herz und Eine Seele, sondern auch, nach Gottes Ordnung und menschlichem Rechte, Ein Fleisch zu werden.

Eine längere oder kürzere Wartezeit, mit mehr oder minder bedenklichen Anfechtungen und Kämpfen gegen wirkliche oder vermeintliche Widersacher des bevorstehenden Glückes, steigert nun sehr oft dieses Verlangen so hoch, dass bei sehr zarten oder reizbaren Personen ernste Störungen, ja sogar schwere Krankheiten daraus entstehen können. Diese vorhergehende mächtige Anspannung des höheren Nervenlebens, diese unwillkürliche Beschäftigung der Einbildungskraft mit dem geliebten Gegenstande und dem nahen Glücke regt begreiflich auch das Geschlechtssystem mächtig auf. Da nun unter solchen Umständen, gleich im Anfange der Ehe, selbst eine übermäßige Befriedigung der ehelichen Lust nicht sogleich ihre schädliche Wirkung äußert, so ist es begreiflich, dass ohne genauen Unterricht und ohne eine ernstliche, ärztliche Warnung der Fehler oft nicht eher bemerkt wird, als bis die üblen Folgen in höherem oder geringerem Maße denselben fühlbar machen. Sittlich kräftige Naturen raffen sich dann freilich von selbst auf, und der Schaden wird durch Enthaltung wieder gut gemacht; aber eine nicht geringe Anzahl junger Eheleute, besonders junge Ehemänner, erleiden doch während dieser Zeit der so genannten Flitterwochen einen unersetzlichen Schaden an ihrer Gesundheit, und gar manchen von ihnen rafft nach längerem oder kürzerm Siechtum ein früher Tod hinweg.

Nach diesem Blicke in die Geheimnisse bräutlicher Liebe ergibt es sich von selbst, worin die Ursache der Unmäßigkeit im Anfange des ehelichen Zusammenlebens liegt. Es ist dies nämlich die große, alles in ihren Bereich hineinziehende Erregung der Geschlechtsorgane, welche nicht, wie bei den Tieren, gleich nach der Begattung und Befruchtung des Weibes verschwindet, sondern durch die höhere seelische und sittliche Vereinigung des Mannes und des Weibes immer wieder neue Nahrung bekommt, sodass die hier zutreffende Mäßigkeitsregel nicht mit einem bestimmten Instinkte oder Gefühle zu rechnen hat, sondern auf einen wahrhaft erleuchteten Verstand und einen durch die göttliche Gnade gekräftigten Willen sich stützen muss.

Die Regel, welche den erwähnten Versuchungen der Unmäßigkeit entgegengesetzt werden muss, ist nun kurz diese:

Nachdem du den Zweck der ersten Beiwohnung erreicht hast, d. h. nachdem deine Braut wirklich dein Weib geworden ist, lasse zunächst wenigstens je eine Nacht ausfallen, ehe du dich ihr wieder näherst. Sodann gehe in der Enthaltsamkeit weiter, setze mehrere Nächte aus und fahre auf diese Weise fort, bis du in dem oben vorgezeichneten, ordentlichen Geleise bist, wobei namentlich die allgemeinen Regeln für das richtige Maßhalten im Ehebette streng zu beachten und die besonderen [bestimmte Zeitmaße angebenden] nach jenem zu modifizieren sind.

Aber auch mit dem Ihnen hier eröffneten Blicke in die Gefahr der Honigwochen sowie mit der Aufstellung der obigen Regel ist die Belehrung junger angehender Eheleute noch nicht erschöpft. Sie müssen nämlich nicht bloß die bereits erwachten Triebe beherrschen, sondern auch das unzeitige Erwachen derselben verhüten lernen. Folgende Regeln sind es nun, welche für diesen Zweck wohl beherzigt werden mögen:

1. Was die bereits erwachte, zur Unzeit reizende Lust betrifft, so sind gewiss nächst dem ernstlichen und anhaltenden Gebete folgende oft zu wiederholende Betrachtungen das wirksamste Gegenmittel:

„Wie? Ich sollte mich während eines, ja vielleicht mehrerer Tage meines kurzen Pilgerlebens durch Verschwendung meiner besten Kraft, für meinen himmlischen und irdischen Beruf mehr oder weniger untüchtig machen? Ich, der ich stets heiter und freundlich meinen Hausgenossen als Diener Christi vorzuleuchten verpflichtet bin, sollte mich auf diese Weise dem finsteren Geiste mürrischer und finsterer Laune preisgeben, welche der unzertrennliche Gefährte ungezügelter Lüste ist, und mir und den meinen damit das Leben verbittern? Ich sollte meinen edlen Leib, den Tempel Gottes, verderben, und ihn in Gefahr von Krankheit und unnatürlicher Erschöpfung stürzen?"

Diese und ähnliche Selbstbetrachtungen sind es, welche ganz besonders denjenigen jungen Ehemännern bald genug durch Selbsterfahrung einleuchten werden, die als Künstler, Gelehrte, besonders aber als Lehrer des Evangeliums mit geistigen Berufsarbeiten beschäftigt sind. Ackersleute sowie Leute aus den niederen Ständen, z. B. mit schweren Leibesarbeiten beladene Handwerker, sind ohnehin durch ihr Geschäft mehr vor der Unmäßigkeit im Ehebette bewahrt.

2. Sehr oft ist es aber der Fall, dass junge Eheleute mit den besten Vorsätzen sich des Abends in

die Schlafstube begeben, dann aber, bald auf diese, bald auf jene Weise, dennoch an den Klippen der Unmäßigkeit Schiffbruch leiden. Das kommt aber daher, weil sie nicht das Ihrige tun, um das unzeitige Erwachen der ehelichen Lust nach Kräften zu verhüten. Für diese Gefahr werden sich nun, neben der oben angegebenen Hauptregel, folgende Mittel als hilfreich bewähren;

a] Man vermeide an den Tagen, wo die Enthaltsamkeit nötig ist, vertrauliche oder zärtliche Unterredungen kurz vor dem Schlafengehen, versage sich überhaupt alle Unterhaltung und begebe sich schweigsam zur Ruhe.

b] Man schlafe, wo möglich, an den der Enthaltsamkeit gewidmeten Tagen in getrennten Zimmern. Da aber ein solcher oft wiederholter Wechsel der Schlafstätte bei den etwaigen Hausgenossen eine widerwärtige Aufmerksamkeit erregen könnte, so ist es wohl am besten, wenn man

c] an solchen Tagen gesondert zu Bette geht, sodass sich der Mann [oder die Frau] erst zur

Ruhe begibt, wenn der andere Teil bereits eingeschlafen ist.

Wer sich mit ernstem Willen an diese Haupt- und Nebenregeln hält und sie strenge befolgt, der wird gewiss bald der großen Versuchung Meister werden.

Viertes Kapitel.

Von der rechten Zeit für die Ausübung des Beischlafes.

Da in der Regel der Beischlaf nur des Nachts oder früh am Morgen stattfindet, so ist fürs Erste die Frage zu beantworten, welche von diesen beiden Tageszeiten für die eheliche Beiwohnung sich am besten eigne? Die rechte Antwort wird nun diese sein:

1. Es gibt Personen, welche durch den Beischlaf so sehr aufgeregt werden, dass sie nach demselben nur sehr schlecht oder gar nicht schlafen können. Schwache und reizbare Leute werden nach dem Beischlafe oft noch in derselben Nacht von Pollutionen [Samenentleerungen] heimgesucht werden, die

dann, wie leicht zu begreifen ist, schwächend und schädlich wirken. Solche Personen sowie auch diejenigen, welche den ganzen Tag angestrengt tätig sind oder bis an den späten Abend mit geistiger Arbeit sich beschäftigen, tun besser, wenn sie den Beischlaf des Morgens ausüben; für alle übrigen gilt aber die Regel, dass für die eheliche Beiwohnung die Zeit vor dem Einschlafen die richtigste ist. Ruhe nach dem Beischlafe ist für beide Teile notwendig, für den Mann wegen der mit dem Zeugungsakte immer verbundenen beträchtlichen Nerven- und Geblütsaufregung, für die Frau aus dem gleichen und dem weiteren noch wichtigeren Grunde, weil ruhiges Verhalten nach dem Beischlafe dem etwa eingetretenen Befruchtungsprozess einen ungestörten Verlauf sichert. Ruhe des Leibes und der Seele nach der Begattung ist eine Grundbedingung für den Erfolg der Befruchtung. Deshalb sollten auch solche Personen, bei welchen die beiden oben angeführten Ausnahmefälle zutreffen, nach Möglichkeit dahin streben, sich ebenfalls an die

Ausübung des Beischlafes am Abend zu gewöhnen. Auch nervöse und schwächliche Personen werden sich, wenn sie nicht ausgesprochen krank sind, in welchem Falle sie den Beischlaf überhaupt unterlassen müssten, mit der Zeit durch die Ausübung des Zeugungsaktes nicht mehr so gewaltig aufregen, dass sie eine schlaflose Nacht oder hitzige Träume danach haben; ihre Natur wird sich, besonders bei streng geregelter Lebensweise [auch in geschlechtlicher Beziehung!], an die Erschütterung des Nervensystems, welche mit dem Beischlafe immer verbunden ist, mehr und mehr gewöhnen, und sind sie einmal so weit, dass sie unmittelbar nach dem Beischlafe in einen tiefen erquickenden Schlaf versinken, so werden auch sie gut tun, die Pflege der ehelichen Liebe auf die Nacht zu verlegen. Solche aber, die gewöhnt oder genötigt sind, bis in die Nacht hinein am Studier- oder Schreibtische zu sitzen, müssen sich eben von Zeit zu Zeit einen freien Abend machen, den sie dem traulichen Zusammensein mit der Gattin widmen und dessen natürlichster und bester Abschluss dann die eheliche Beiwohnung ist.

2. Bei Ausübung des Beischlafes am Morgen ist unter allen Umständen erforderlich, dass derselbe in eine so frühe Stunde verlegt wird, dass danach beiden Teilen noch genügend Zeit zu gründlichem Ausruhen bleibt. Für die Frau ist das geradezu eine Notwendigkeit, weil sonst die etwa eingetretene Befruchtung leicht zunichte gemacht werden könnte.

3. Bei jungen Eheleuten und unter besonderen Umständen kann der Fall eintreten, dass der Geschlechtstrieb auch außerhalb des Ehebettes, d. h. unter Tags, zur Geltung kommt und seine Rechte fordert. Solche Ausnahmen von der Regel haben weiter nichts Bedenkliches auf sich, vorausgesetzt, dass sie Ausnahmen bleiben, keinen Verstoß gegen Zucht und Sitte in sich schließen, und dass zum mindesten der Frau nach einem solchen aus der Regel fallenden Zeugungsakte genügend Zeit zum Ausruhen bleibt. Ich komme auf diesen Punkt spä-

ter noch zurück, weil unter Umständen ein solcher zu ungewohnter Zeit und unter besonderen Verhältnissen vollzogener Zeugungsakt von bestem Erfolge für die Befruchtung sein kann.

4. Weder zu ungewöhnlicher noch zu gewohnter Zeit darf der Beischlaf unmittelbar oder kurze Zeit nach einer Mahlzeit, am allerwenigsten aber dann ausgeübt werden, wenn die Mahlzeit besonders reichlich und mit stärkerem Genuss geistiger Getränke verbunden war. Der Umstand, dass sich der Geschlechtstrieb bei solchen Anlässen oft mächtig regt, kann durchaus nicht als Grund für die Überschreitung dieses Verbotes geltend gemacht werden, denn gerade die heftigere Entzündung der Leidenschaft spricht für den aufgeregten Zustand, den solche reichlichere Mahlzeiten und Libationen hervorrufen, und legt die Notwendigkeit um so näher, jede weitere, namentlich die heftige Aufregung des Beischlafes zu vermeiden. Schlaganfälle, Erkrankungen des Geschlechtsapparates und des Nervensystems und andere mehr oder weniger schwere

Übel können die Folge einer solchen Unmäßigkeit sein. Im Zustande der Trunkenheit gezeugte Kinder sind häufig von Geburt an blödsinnig. Ganz abgesehen von der Schädlichkeit und Gefährlichkeit des Beischlafes nach größeren Mahlzeiten und Trinkgelagen ist die Störung der Verdauung als einer der subtilsten Funktionen des Organismus auch unter ganz gewöhnlichen Umständen nachteilig, und dass der Beischlaf, welcher das ganze Nervensystem in Anspruch nimmt, eine ganz gewaltige Störung jener Funktion mit sich bringt, ist ganz selbstverständlich. Aus diesem Grunde und auch im Interesse eines gesunden Schlafes empfiehlt es sich, die Abendmahlzeit mindestens 2½–3 Stunden vor dem Schlafengehen einzunehmen; jedenfalls darf der Beischlaf nicht vollzogen werden, bevor nicht diese Frist seit der letzteingenommenen Mahlzeit verstrichen ist.

Schlemmereien mit einer im Taumel vollzogenen ehelichen Umarmung zu beschließen, ist einfach Versündigung an Gott und der Menschenwürde.

Wer einer solchen Verirrung anheim fällt, dem ist nicht zu raten und zu helfen; er hat die Folgen derselben, die leicht zum Fluche seines ganzen Lebens werden und sich auf Kind und Kindeskinder fortpflanzen können, ganz allein sich selbst zuzuschreiben.

5. Es kommt bisweilen vor, dass junge Ehemänner, wegen allzu großer Reizbarkeit, weder des Nachts noch am Morgen den Beischlaf vollziehen können, indem entweder das Glied den Dienst versagt oder die Samenentleerung ausbleibt. Ein solches Missgeschick ist nun freilich für junge Eheleute sehr niederschlagend und kann sie leicht auf den Gedanken bringen, dass sie überhaupt zur Ehe untüchtig seien. In solchen Fällen muss die mangelnde Energie der Nerven allerdings durch besondere Nachhilfe angespornt werden, und es kann versuchsweise die Zeit nach der in der Regel reichlicheren Mittagsmahlzeit oder auch nach einem kräftigen – etwa aus weichen Eiern, Beefsteaks und einem Gläschen alten Ungarweines bestehenden –

Frühstück [jedoch immer unter Berücksichtigung der oben angegebenen Frist!] zur ehelichen Beiwohnung benutzt werden. Sollte aber auch dann die männliche Zeugungskraft versagen und nach einigen gelungenen Versuchen nicht eine normale Stimmung des Nervensystems eintreten, welche die Ausübung des Beischlafes zur regelrechten Zeit im Ehebette gestattet, so müsste unbedingt ein tüchtiger Nervenarzt zu Rate gezogen werden.

Fünftes Kapitel.

Verschiedene Umstände, welche die Ausübung des Beischlafes entweder ganz verbieten oder diesen doch nur mit Beschränkung zulassen.

Dass der Beischlaf kurz nach eingenommener Mahlzeit, selbst bei einem starken Triebe dazu, unbedingt unterlassen werden muss, ist bereits ausgeführt worden. Es sind aber auch andere Verhältnisse dem Beischlafe ungünstig. So z. B. verbietet sich derselbe bei allen Arten von Krankheiten, besonders solchen, die mit Fiebererscheinungen verbunden sind; ferner in der Zeit der Wiedergenesung von schweren Krankheiten, besonders aber auch bei anhaltendem und drückendem Kummer und Verdruss. Außer den mehr oder minder angreifenden Mühseligkeiten des Lebens sind aber auch noch einige andere die Übung des Beischlafes verbietende Umstände vorzugsweise anzuführen. Hierher gehört

1. Die Zeit, wo die Frau ihre Regeln [den Monatsfluss] hat.

Der Beischlaf zu solcher Zeit ist schon im 3. Buch Mos. 20, 18 als ein Gräuel bezeichnet und mit der Todesstrafe belegt. Obwohl nun das Mosaische Gesetz in seiner ganzen Ausdehnung [die Zehn Gebote abgerechnet] nicht mehr auf die Gläubigen des neuen Bundes anwendbar ist, so muss doch schon einem gesunden christlichen Gefühle, auch ohne Gesetz, ein solcher Beischlaf als etwas Gräuliches erscheinen. Da ferner der Beischlaf in solcher Zeit ekelhaft ist und sich also durch einen natürlichen gesunden Abscheu von selbst verbietet, so dürfte eigentlich die Anführung noch anderer Gründe gegen die Ausübung desselben zu dieser

Zeit überflüssig sein. Dennoch muss besonders darauf aufmerksam gemacht werden, dass der Beischlaf während dieser Periode, in welcher die innern Geschlechtsteile des Weibes sich in einem Zustande heftiger Erregung befinden, Störungen des Monatsflusses und auch Gebärmutterkrankheiten zur Folge haben kann. Schwäche der weiblichen Geburtsteile, welche sich zunächst durch unregelmäßige sowie auch durch sehr heftige Monatsflüsse zu erkennen gibt, fordert unbedingte Schonung, nicht bloß während, sondern auch einige Tage vor und nach der Reinigung. Bei sehr schwachen und trägen Regeln hat es dagegen weniger zu bedeuten, wenn der Beischlaf noch unmittelbar vor deren mutmaßlichem Eintritt [keinesfalls aber nach Eintritt derselben!] noch einmal ausgeübt wird. Ebenso ist bei Frauen, welche längere Zeit unfruchtbar bleiben, der Beischlaf kurz nach Beendigung der monatlichen Reinigung nicht nur nicht schädlich, sondern sogar zweckmäßig, da erfahrungsmäßig in dieser Zeit die Empfängnis am allerleichtesten ein-

tritt. Denn wie bei den Tieren nur während der Brunstzeit die Eier am Eierstock reifen, sich ablösen und befruchtungsfähig sind, so auch beim Weibe [wenigstens in der Regel!] nur während, beziehungsweise gleich nach der monatlichen Reinigung. Man weiß nun freilich die Zeit nicht genau anzugeben, zu welcher die Ablösung des Eies vom Ovarium [Eierstock] erfolgt, und ebenso wenig lässt sich die Dauer der Befruchtungsfähigkeit des abgelösten Eies und des von der Gebärmutter aufgenommenen Samens bestimmt festsetzen. Man kann daher nicht mit Bestimmtheit sagen: So oder so lange nach der Reinigung bleibt der Beischlaf unter allen Umständen fruchtlos, denn um diese Zeit sind keine befruchtungsfähigen Eier im weiblichen Geburtsorganismus vorhanden. Wohl aber kann man umgekehrt sagen: Unmittelbar nach der Reinigung sind bei normaler Funktion der weiblichen Zeugungsorgane jedenfalls noch befruchtungsfähige Eier vorhanden, und wenn die Frau vermöge der Beschaffenheit und Bauart ihrer Geburtsteile überhaupt fähig ist, zu empfangen, so ist diese Fähigkeit um genannte Zeit jedenfalls im vollkommensten Maße vorhanden. Ebenso kann man sagen: Die Befruchtungsfähigkeit des von der Gebärmutter aufgenommenen männlichen Samens hält lange genug an, um es möglich zu machen, dass ein kurz vor dem Eintritte der Regeln vollzogener Beischlaf das nach Beginn des Monatsflusses in die Gebärmutter [beziehungsweise den Eileiter] gelangte Ei dort noch befruchten kann.

2. Während der Schwangerschaft.

Sobald irgendein weibliches Tier durch Begattung befruchtet worden ist, verliert es nicht nur allen weiteren Trieb zur Begattung, sondern es zeigt vielmehr einen entschiedenen Abscheu dagegen, den es bei neuen Annäherungen des gattungsverwandten Männchens sogar durch zornigen Gebrauch seiner natürlichen Waffen gegen dasselbe zu erkennen gibt. Das menschliche Weib macht jedoch hiervon eine bemerkenswerte Ausnahme. Bald nach einer stattgefundenen Empfängnis tritt allerdings zuweilen auch bei dem menschlichen Weibe, für kürzere oder längere Zeit, eine Unempfindlichkeit und mit derselben eine Gleichgültigkeit gegen den Beischlaf ein, welche sich, besonders in einer unglücklichen Zwangs- und Pflicht-Ehe, also bei mangelnder Liebe zu dem Manne, oft bis zu einem an Wahnsinn grenzenden Widerwillen gegen letzteren offenbaren kann. Diese Reizlosigkeit der Geschlechtsteile für den Beischlaf, welche offenbar in einem entzündungsartigen Zustande derselben begründet ist, dauert aber selten länger als einige Wochen, nach deren Verlauf die Geschlechtsteile zu ihrer früheren Erregbarkeit gelangen, um für die eheliche Lust wieder empfänglich zu werden. Ja, es ist als Regel angenommen, dass die Frauen während der Schwangerschaft mehr Neigung und Trieb zum Beischlaf haben als außer derselben, und es kommt wie schon einmal erwähnt häufig vor, dass bei solchen Frauen, deren Geschlechtstrieb von Natur aus wenig oder gar nicht entwickelt ist, nach einer oder mehreren Entbindungen dieser Mangel gehoben erscheint.

Unter solchen Umständen muss also die Beantwortung dieser Frage für Seelsorger und Ärzte sowie für christliche Eheleute selbst von der größten Bedeutung sein. In der Tat hat es auch, weder unter Laien noch unter Ärzten, nie an Leuten gefehlt, welche den Beischlaf während der Schwangerschaft als sündlich und schädlich verworfen haben. Der leichteren Übersicht wegen werden hier nun die Gründe für die Verneinung dieser Frage mit denjenigen Gründen zusammengestellt und verglichen, welche man sowohl nach dem geoffenbarten Gesetze Gottes als nach dem Naturgesetze für die Bejahung derselben anführen kann. Ein christlicher Leser wird dann leicht durch ein eigenes freies Urteil in dieser wichtigen Lebensfrage zur vollen Klarheit gelangen und sich vor Schaden des Leibes und der Seele verwahren können.

1. Wir betrachten zuerst den sittlichen, d. h. denjenigen Grund, welcher aus der Würde des

Menschen als eines vernünftig-sittlichen Wesens im Gegensatz zu den Tieren hergenommen ist. Es ist folgender: „Da die Tierweibchen sogleich nach eingetretener Befruchtung sich nicht weiter begatten, so würden ja die Menschen, wenn sie sich während der Schwangerschaft des Weibes ehelich umarmen, von den Tieren an Enthaltsamkeit beschämt." – Hierauf ist aber Folgendes zu erwidern:

Das Tierweibchen wird nur zur Brunstzeit zu dem Männchen durch blinde, tierische Brunst hingetrieben, und diese Verbindung löst sich in der Regel wieder auf, sobald die Befruchtung erfolgt ist, oder doch, sobald die erzeugten Jungen sich selber forthelfen können. Ganz anders verhält es sich im ehelichen Leben der Menschen, namentlich in der christlichen Ehe. Hier ist nicht Brunst, sondern Liebe – dieser vorwiegend seelische Trieb – das Band, das die Herzen dauernd vereinigt; nicht die Aufgabe der Arterhaltung allein hält das Ehepaar zusammen, sondern mit tausend geistigen Banden hängt eines am andern, und das von Gott gesegnete und geheiligte Eheband trennt bei wahrhaft christlichen Menschen selbst der Tod nicht, wenn er auch das, was sterblich an ihnen ist, zur Erde zurückführt, der es entstammt ist. Die seelische Liebe ist aber von dem niedrigen fleischlichsinnlichen Geschlechtstriebe verschieden; denn sie ist an keinen Wechsel leiblicher Bedürfnisse gebunden, dauert auch nach Befriedigung der letzteren, also auch während der Schwangerschaft, ununterbrochen fort, und es finden im ehelichen Leben täglich, ja oft stündlich, eine Menge äußerer Berührungen zwischen Eheleuten statt, welche in der nicht auf eine bestimmte Brunstzeit angewiesenen Menschennatur auch während der Schwangerschaft den Drang nach ehelicher Vereinigung erwecken.

Das Tierweibchen verliert ferner, wie schon früher erwähnt, sogleich nach der Befruchtung die frühere Brünstigkeit und lässt, von einem eben so sinnlichen Triebe geleitet, das Männchen nicht mehr zu. Viele Tiere werden auch, wie z. B. die Vögel, welche gepaart leben, in der Brütezeit so sehr angegriffen, dass sie, völlig ermattet und erschöpft, zu einer ferneren Begattung während derselben völlig unfähig sind, indem bekanntlich das Männchen, wie z. B. bei den Tauben, an dem Brüten teilnimmt, oder doch während der Brütezeit das Weibchen mit Futter versorgt. Andere Tiere leben, wie z. B. das Hühnergeschlecht, in Vielweiberei, sodass also das Männchen, welches an dem Brüten keinen Teil nimmt, von der Natur auf die Befruchtung seiner anderen Weiber angewiesen ist. Alles dieses fällt in der menschlichen Ehe weg. Nicht bloß das entartete und verweichlichte, sondern auch das an Seele und Leib wohlgebildete menschliche Weib verliert in der Schwangerschaft den Trieb zum Beischlaf keineswegs, ja dieser wirkt sogar, wie schon erwähnt, in der Regel stärker als vorher. Ebenso ist der Geschlechtstrieb des Mannes während der Schwangerschaft des Weibes nicht im Mindesten beschränkt oder aufgehoben. Da also nach Gottes Ordnung Mann und Weib, auch in der Schwangerschaft, auf vielfache Weise zur ehelichen Lust erregt werden;

da die Vielweiberei ohne besonderes Verbot durch den Geist des Christentums und durch die mit demselben in der Menschheit erwachte höhere, seelische Brautliebe der Geschlechter von selbst gefallen ist; da demnach die Ehe der Christen ihre paradiesische Urwürde als Verbindung Eines Mannes und Eines Weibes zu Einem Fleische wiedererlangt hat; so folgt, dass der Mensch, in Bezug auf diese Frage, von der Begattung der Tiere gänzlich abzusehen, und die Beantwortung derselben vor einem höheren Richterstuhle zu suchen hat.

2. Ein anderer Grund, den man für Verneinung der Zulässigkeit der Begattung während der Schwangerschaft anführt, wird aus dem Zwecke der Ehe hergeleitet. „Da nach Befruchtung des Weibes - so sagt man - der Zweck des Beischlafes erreicht worden ist, so ist es der Würde des Menschen, als eines sittlichen Wesens, nicht angemessen, denselben bloß als Mittel zur Befriedigung des Geschlechtstriebes auch während der Schwangerschaft noch fortzusetzen."

Die rechte Würdigung dieses Grundes führt uns nun, ganz ungesucht, aus dem bloß vernünftig-sittlichen in ein höheres, religiöses, also christliches Gebiet hinein, von welchem aus allein der wahre, geistlich wiedergeborene Christ nicht bloß dieses, sondern überhaupt alle andern derartigen Urteile der natürlichen Vernunft geistlich, d. h. nach Christi Sinn zu prüfen hat. [1. Korinth. 2, 14-16.] Von diesem geistlichen Standpunkte aus muss dann auch dieses Urteil der natürlichen Vernunft über den Zweck der Ehe überhaupt sowie des Beischlafs im Besonderen, als falsch und in seinen Folgen für Leib und Seele gleich gefährlich erscheinen.

Nach Gottes Wort und Ordnung hat nämlich die Ehe einen dreifachen Zweck:

a] Der erste ist die innere, geistig-seelische Lebensgemeinschaft zweier, geschlechtlich geschiedener und verschiedener Vernunftwesen durch die höhere Geschlechtsliebe, welche Gott in den Herzen der Wiedergeborenen erweckt; also eine Verbindung, wie sie weder zwischen Eltern und Kindern noch zwischen Freunden, sondern nur zwischen beiden Geschlechtern möglich, und zur Erreichung der höchsten Zwecke des himmlischen Berufes in Christo zum ewigen Leben wirksam und tätig ist. Von dieser Seite betrachtet wird diese durch den Glauben an Christum himmlisch verklärte Brautliebe wahrer Kinder Gottes im Liede der Lieder, von den Propheten und Aposteln, namentlich von Paulus, als das irdische Abbild von der Gemeinschaft Christi mit seiner Gemeinde dargestellt. Die ganze heilige Schrift ist voll von solchen prophetischen Naturbildern, welche den Bundesgott Israels als den Mann und Gatten seiner Gemeinde bezeichnen. Dass also diese geistig-seelische Vereinigung zur Anbetung Gottes, zur wechselseitigen, geistlichen Handreichung sowie zur Erleichterung und teilweisen Verherrlichung des mühe- und leidenvollen Lebens als der höchste Zweck der Ehe gelten muss, leuchtet ein.

b] Der zweite Ehe-Zweck ist das fortgehende Erzeugen und Gebären von Kindern, welche schon durch solche Geburt und Pflege im Schoße der Kirche Christi als ein heiliger, Gott geweihter Same zu betrachten sind. [1. Kor. 7, 14]

c] Der dritte ist die in der geheiligten und geregelten Ehe angeordnete Stillung des Geschlechtstriebes und die damit verbundene Erhaltung der Gesundheit; also die Befriedigung leiblicher Bedürfnisse.

Aus diesem dreifachen, nicht nur durch die Vernunft, sondern auch aus Gottes Wort geoffenbarten und bekannten Zwecke der Ehe geht nun auch die Beantwortung der vorliegenden Frage ganz leicht und einfach wie von selbst hervor. Ein im Glauben gesunder Christ wird nach Gottes Wort ohne Widerrede zugeben, dass die gesetzliche und in der geheiligten Ehe geordnete Stillung des Geschlechtstriebes ein, wenn auch nur untergeordneter, so doch wesentlicher Zweck und Teil des Ehestandes sei; er kann und wird Gottes Ordnung in solcher Einrichtung nicht meistern wollen, welche nun einmal nur einen Mann und ein Weib imstande christlicher Vollkommenheit ehelich verbindet. Darum wird er aber auch keinen Augenblick daran zweifeln können, dass nur eine blinde, sich selbst bestimmende, so genannte Moral ungläubiger und ungeistlicher Naturmenschen, oder eine schwärmerische, Leib und Seele verderbende falsche Geistlichkeit pharisäischer Heiligen den Beischlaf während der Schwangerschaft unbedingt verbieten kann.

Ja, noch mehr. Es würde bei solchem Gebote der Enthaltung die Ehe ihren Zweck, nämlich die Verwahrung vor allzu großen Versuchungen zu außerehelicher Wollust, nicht nur nicht erreichen, sondern sogar zu so gefährlichen Versuchungen Anlass geben, dass man einen jeden Christenmenschen, der nur ein mäßig heißes Blut hat, allen Ernstes vor der Ehe warnen müsste. Da nämlich bei einem rechten Ernste, und bei Anwendung der rechten Mittel, die Übung der Enthaltsamkeit im ledigen Stande allmählich immer leichter wird, sodass zuletzt, auch bei lebhaften, liebebedürftigen Naturen, der Geschlechtstrieb wie in einen tiefen Schlaf versinkt, so würde es ein Frevel sein, denselben in der Ehe erst wieder in seiner vollen Macht erwecken zu wollen, um ihn dann, bei einer vielleicht bald eingetretenen Schwangerschaft aufs Neue bekämpfen zu müssen, während er doch durch den vertrauten Umgang mit einem geliebten Gatten täglich neue Nahrung bekommt. Fehlt es auch nicht an Beispielen, wo eine schwärmerische Hinneigung zur Askese auch einen solchen Kampf eine Zeit lang glücklich besteht, so wird doch ein solcher Sieg wahrlich nie anders als durch geistliche Härte gegen sich und andere, also unter Verletzung höherer Pflichten und häufig auch auf Kosten der eigenen Gesundheit erkauft; die Mittel, welche gegen die vermeintliche Sünde in Anwendung kommen, sind also in der Regel viel schlimmer als das vermeintliche Übel selbst, das man bekämpfen will. Endlich darf auch nicht unerwähnt bleiben, dass im Gesetze Mosis, welches doch in Bezug auf Ehesachen so sehr ins Einzelne geht, und, wie schon angeführt, den Beischlaf mit einer Frau, welche ihre Regeln hat, als ein gräuelhaftes Verbrechen mit dem Tode bestraft, von einem Verbote des Beischlafs während der Schwangerschaft, ja nicht einmal von einer Warnung vor demselben, keine Spur zu finden ist.

3. Ein dritter Grund für die Verneinung der Frage, ob die eheliche Beiwohnung während der Schwangerschaft verboten oder aus leiblichen oder geistlichen Gründen zu widerraten sei, ist aus der Gesundheitslehre herzuleiten. Würde die menschliche Wissenschaft auf irgendeine Weise dartun können, dass der Beischlaf während der Schwangerschaft der Mutter oder der Frucht unbedingt nachteilig sei, so würde dieses für die Bejahung der vorliegenden Frage allerdings ein wichtiger Beweisgrund sein, indem der Mensch allerdings auf die Beobachtung und Befolgung unbezweifelter Naturgesetze angewiesen ist. Allein auch hier zeigt es sich, dass Gottes Gesetz und Ordnung, in seinem Worte wie in der Natur, einander nie widersprechen. Allerdings kann es Fälle geben, welche den Beischlaf in der Schwangerschaft für die Mutter und die

267

SERIE 56

Frucht gleich gefährlich machen; und es wird daher auch hiervon an seinem Orte gesprochen werden müssen. Dass aber in der Regel ein mäßiger Beischlaf weder der Mutter noch der Frucht etwas schaden kann, geht schon daraus hervor, dass ein unbefriedigtes, starkes Verlangen des Weibes nebst der damit verbundenen Erregung der Geschlechtsteile der Frucht viel nachteiliger sein muss als eine mäßige Befriedigung solchen Verlangens.

Aber auch die Erfahrung hat über die Unschädlichkeit des Beischlafes während der Schwangerschaft bereits hinlänglich entschieden, sodass schwerlich ein urteilsfähiger Arzt gefunden werden wird, der das Gegenteil mit Entschiedenheit behaupten würde. Ja, was soll - so fragt man mit vollem Recht - ein schonender und mäßiger Beischlaf dem schwangern Weibe oder auch der Frucht für Nachteil bringen, wenn die tägliche Erfahrung lehrt, dass derselbe sehr oft eine fieberhafte Unruhe der Nerven besänftigt, oft auf der Stelle einen tiefen und sanften Schlaf herbeiführt und Appetit und Verdauung befördert? Vollends entscheidend vom ärztlichen Standpunkte aus ist die Tatsache, dass sich bei beginnender Schwangerschaft die Gebärmutter in einer Weise verändert, welche jeden störenden Einfluss des Begattungsaktes auf die Entwickelung der Leibesfrucht ausschließt. Die Schleimhaut der Gebärmutter schwillt an, wird sammetartig aufgelockert und bildet sich schließlich zur äußersten Eihaut um, welche den Embryo mit einer schützenden Hülle umgibt und ihm zugleich die zu seiner Entwickelung nötigen Bildungsstoffe zuführt. Der Muttermund wird durch Auflockerung und Durchfeuchtung des Scheidenteiles der Gebärmutter verschlossen, sodass er zuletzt nur noch als plattrandiges Grübchen an dem vollständig verstrichenen Scheidenteil erscheint. Das Ausbleiben der Menstruation [monatlichen Reinigung] während der Schwangerschaft*) weist an

*) In den seltenen Fällen, wo der Monatsfluss während der ersten Monate der Schwangerschaft, ja sogar während der ganzen

sich schon darauf hin, dass das wirkliche Zeugungsorgan während der Zeit, in welcher es die werdende Frucht trägt, einen in sich abgeschlossenen Lebenskreis darstellt. Weit entfernt also, dass ein mäßiger Beischlaf Schwangern zu widerraten oder gar zu verbieten wäre, so würde er von christlichen Ärzten gewissenshalber in allen solchen Fällen vielmehr anzuraten sein, wo etwa rechtschaffene Eheleute, durch irgendeinen der oben angegebenen falschen Gründe betört, sich durch eine solche verkehrte Enthaltsamkeit unnütz kasteien und an Leib und Seele schaden würden. –

Fassen wir dieses alles nochmals kurz zusammen, so würde die Zulässigkeit der Begattung während der Schwangerschaft – selbstverständlich unter sorg-

---

Dauer derselben wiederkehrt, ist der Abschluss der Gebärmutter allerdings nur ein unvollkommener, aber die Frucht ist für sich doch abgeschlossen, und infolge der erwähnten Veränderung der Gebärmutterschleimhaut ist auch die Möglichkeit einer neuen Befruchtung während den Schwangerschaft ausgeschlossen. [Vergl. S. 89.]

fältiger Berücksichtigung des Zustandes der Frau, Behütung des Unterleibes vor starkem Drucke usw. - aus folgenden Gründen entschieden zu bejahen sein:

a] Weil diese der Würde des Menschen, namentlich des in Christo Wiedergeborenen, nicht widerspricht, indem Mann und Weib nicht bloß vorübergehend, sondern durch das unauflösliche, von Gott selbst geschlungene und geheiligte Ehebündnis für Zeit und Ewigkeit verbunden sind;

b] weil weder bei dem Weibe noch bei dem Manne während der Schwangerschaft der Trieb zum Beischlafe erlischt, sondern im Gegenteile, wenigstens beim Weibe, eher gesteigert wird, ohne dass man diese Erregung an sich selbst als Frucht und Folge übermäßiger Sinnlichkeit, üppigen Müßigganges oder einer Nachlässigkeit im Gebete und im Gebrauche der Gnadenmittel anzuklagen hätte.

Wer sich aber etwa über diese Tatsache empören wollte, der hätte es mit Gott selbst abzumachen, welcher aus weisen Gründen auch dieses also geordnet und durch natürliche Mittel bestens geregelt hat.

c] Weil im Geist des christlichen Ehebundes und der christlichen Gattenliebe der Mann nur ein Weib, als Fleisch vom eigenen Fleische, lieben und ehren kann, durch seine Natur aber zur Vielweiberei Hingetrieben würde, wenn er während so langer Zeiträume, wie die Dauer der Schwangerschaft einer ist, von dem ehelichen Umgang mit seinem angetrauten Weibe sich enthalten müsste.

d] Weil in dem sonst so genauen und auf äußere Zucht so streng haltenden Mosaischen Gesetze eine eheliche Enthaltung in der Schwangerschaft weder geboten noch auch bloß angeraten wird.

e] Weil eine solche Enthaltung auch von der wissenschaftlichen Gesundheitslehre als unbegründet und nachteilig bezeichnet wird.

f] Weil eine eigenmächtige und aus falscher Heiligkeit hervorgehende Übung solcher Enthaltsamkeit zu den gefährlichsten Schwärmereien führen kann.

Dieses meint denn auch der Apostel Paulus, wenn er den Eheleuten ratet, eine wechselseitig angenommene Enthaltung nicht zu weit zu treiben, weil sie sonst leicht durch den Satan könnten überlistet werden [1. Kor. 7, 5].

Nach Erledigung dieser Frage im Allgemeinen dürfen jedoch auch diejenigen Fälle nicht unerwähnt bleiben, unter welchen der Beischlaf in der Schwangerschaft entweder gar nicht oder doch nur sehr mäßig zu üben ist.

1. Ist eine Frau schon im ledigen Stande zu krankhaften Blutstürzen geneigt gewesen, oder ist die Anlage dazu erst in der Ehe entstanden, so ist der Beischlaf, namentlich in den drei ersten Monaten der Schwangerschaft immerhin gefährlich, indem dadurch leicht ein Mutterblutsturz und mit diesem eine Fehlgeburt herbeigeführt werden kann. In solchen Fällen wird daher ein rechtschaffener Ehemann wenigstens bis in den vierten Monat der Schwangerschaft, nach dessen Erreichung eine Fehlgeburt schon seltener vor-

kommt,*) sich willig in der Enthaltung üben. – Da dieser Enthaltung keine schwärmerische, versuchungsvolle, falsche Heiligkeit, sondern wahrer Christensinn und Gehorsam zum Grunde liegt, so kann der Christ in solchen Fällen sicher darauf rechnen, dass er im Worte Gottes und im Gebete Kraft genug erlangen werde, diese Kasteiung des Fleisches mit Leichtigkeit zu ertragen, und dies um so mehr, als ihn schon die liebevolle Sorge um Weib und Kind unter solchen Umständen in eine Gemütsstimmung versetzen wird, die den Geschlechtstrieb nicht so leicht aufkommen lässt.

2. Hat eine Frau schon mehrere Fehlgeburten er-

---

*) Erst um die 28. Schwangerschaftswoche herum werden die Fehlgeburten wieder häufiger, sind aber dann meistens nicht durch von vornherein bestehende habituelle Veranlagung der Frau zu Fehlgeburten, also durch organische oder konstitutionelle Schwächen oder Mängel, sondern durch äußere Veranlassung, wie Fall, Stoß oder Schlag auf den Unterleib, heftigen und anhaltenden Husten, schwerere Erkrankung der Mutter usw. verursacht.

litten, so wird diese Regel um so wichtiger, und es würde daher die Ausübung des Beischlafes unter solchen Umständen, namentlich in den ersten drei Monaten oder zu der Zeit, wo die Missfälle*) früher eingetreten sind, ein wahrer Zweifel sein.

2. Aber auch in dem letzten Monate der Schwangerschaft, wenigstens in der letzten Hälfte desselben, sollte der Beischlaf gänzlich unterbleiben, weil sonst leicht eine Fehlgeburt dadurch herbeigeführt werden kann, welche sowohl für die Mutter als auch für das Kind nicht ohne Gefahr ist, indem sie der Mutter durch ein schlimmes Wochenbett und dem noch lebensschwachen Kinde durch verschiedene Zufälle und Krankheiten schädlich, ja sogar tödlich werden kann.

---

*) „Missfall" nennt man eine Fehlgeburt, die vor der 16. Woche der Schwangerschaft eintritt, wogegen die „unzeitige Geburt" in die Zeit von der 17. bis zur 28., die „Frühgeburt", bei welcher das Kind bereits lebensfähig ist und auch oft am Leben erhalten wird, in die 29. bis 37. Schwangerschaftswoche fällt.

4. Von besonderer Wichtigkeit ist es endlich, dass der Beischlaf unter solchen Umständen um die Zeit unterlassen werde, in der die Frau außer der Schwangerschaft ihre Regeln bekommen würde. Dass gerade zu dieser Zeit, um Missfällen vorzubeugen, alles zu vermeiden ist, was einen Blutandrang nach den Geschlechtsteilen verursachen kann, ist so einleuchtend, dass es keiner weiteren Ausführung bedarf. Bleibt auch in der Regel der Monatsfluss während der Schwangerschaft aus, so ist doch der Blutkreislauf an diese regelmäßig wiederkehrende Abweichung von den normalen Verhältnissen gewöhnt, und es wird sich daher um diese Zeit immer von selbst ein lebhafterer Blutandrang zu den Geburtsteilen einstellen, der nicht noch durch die örtliche und allgemeine Aufregung der ehelichen Beiwohnung verstärkt werden darf.

5. Während des Wochenbettes und Säugegeschäftes.

Nur einem halb oder ganz entmenschten, schmutzigen Trunkenbolde könnte es wohl einfallen, den Beischlaf mit der Frau zu üben, so lange sie noch Kindbetterin, ihre Wochenreinigung also noch nicht vorüber ist. Da nun für solche Tier-Menschen dieses Büchlein nicht geschrieben ist, so könnte es wohl überflüssig scheinen, hier von dem Schaden zu reden, den ein solcher Beischlaf für die Wöchnerin haben kann; allein es muss eben, der Vollständigkeit wegen, auch dieser Gegenstand behandelt werden.

Die Wöchnerin ist nämlich nach der Entbindung als eine schwer Verwundete zu betrachten, indem sich bei der Geburt der so genannte Mutterkuchen oder die Nachgeburt von dem Grunde der Gebärmutter loslöst, eine Trennung, welche an der inneren Wand der letzteren, wenigstens in dem Umkreise von der Größe einer Menschenhand, eine aus vielen hundert zerrissenen Gefäßen stark blutende Fläche hinterlässt. Die Gebärmutter, welche sich im Verlaufe der Schwangerschaft nicht nur hinsichtlich ihrer Ausdehnung, sondern auch in der Zusammensetzung und Beschaffenheit ihres Baues ganz wesentlich verändert hat, muss nun wieder in ihren normalen Zustand zurückkehren, und dies wird durch einen Ausscheidungs- und Neubildungsprozess bewirkt, den der Wochenfluss begleitet und vermittelt. Wie wichtig es nun ist, dass dieser Prozess nicht gestört wird, ist leicht zu begreifen. Wie leicht kann nämlich durch einen Beischlaf während dieser Zeit die ohnehin reizbare und wunde Gebärmutter so heftig aufgeregt werden, dass dadurch eine lebensgefährliche Entzündung und das fürchterliche, so genannte Kindbettfieber hervorgerufen wird, durch welches so viele Mütter ihren neugeborenen Kindern und dem Gatten durch den Tod entrissen werden! Ebenso kann ein solcher Beischlaf infolge einer Entzündung auch gewisse örtliche Krankheiten der weiblichen Geburtsteile herbeiführen, als da sind: Schwäche und Erschlaffung der Gebärmutter, Neigung zu Blutflüssen und Fehlgeburten, Vorfälle, weißer Fluss und gänzliche Unfruchtbarkeit. Und doch ist dieses nicht die einzige Gefahr, welche ein Beischlaf unter solchen Umständen herbeiführen kann. Während des Wochenflusses wird nämlich der Bildungstrieb der Natur, beziehungsweise die Bluttätigkeit von der nun ruhenden und zu ihrer früheren Beschaffenheit und Gestalt zurückkehrenden Gebärmutter auf die Erzeugung einer nahrhaften Milch, also auf die Brüste, übertragen. Da nun die Lebensgemeinschaft zwischen den Brüsten und der Gebärmutter während dieser Zeit in einem so stark wechselwirkenden Verhältnisse steht, dass z. B. ein auf die Brüste wirkender Reiz die heftigsten Gebärmutterkrämpfe, ja sogar starke Blutungen derselben oft augenblicklich stillt,*) so ist es begreiflich, dass auch umgekehrt eine starke Reizung der Gebärmutter sehr stark auf die Brüste wirken und also das für Mutter und Kind so überaus wichtige Geschäft der

*) Das Anlegen des Säuglings an die Mutterbrust übt einen Reiz auf die Brustdrüse aus, und gleichzeitig mit diesem findet eine Zusammenziehung der Gebärmutter statt, welche auf letztere in den ersten Tagen nach der Geburt eine entschieden heilkräftige Wirkung ausübt.

Milchabsonderung auf eine höchst gefährliche Weise stören, ja gänzlich unterbrechen kann. Es kann demnach ein einziger Beischlaf zu solcher Zeit eine Milchversetzung zur Folge haben, welche, sie mag nun das Gehirn oder, was noch öfter geschieht, den Unterleib ergreifen, in den meisten Fällen tödlich ist, oft aber auch eine Seelenstörung herbeiführt, welche bisweilen für das ganze Leben nicht gänzlich zu heben ist und also das Glück einer Ehe für immer zerstören oder trüben kann.

Unter solchen Umständen ist es daher von großer Wichtigkeit, über den rechten Zeitpunkt ins Klare zu kommen, in welchem, nach einem glücklich überstandenen Wochenbette, der Beischlaf ohne Gefahr für Mutter und Kind wieder ausgeübt werden kann.

Was eine Mutter betrifft, welche nicht säugt, so hängt die Beantwortung dieser Frage von dem schnellern oder langsamern Verlaufe des Wochenflusses ab. Der anfängliche Blutfluss verwandelt sich allmählich in den Abgang einer immer heller und schließlich milchähnlich werdenden Flüssigkeit, deren Menge allmählich abnimmt und deren Absonderung in der Regel in der dritten oder vierten Woche nach der Geburt, manchmal aber auch noch später, gänzlich aufhört. Vor dem völligen Verschwinden des Wochenflusses darf der Beischlaf schon aus Reinlichkeitsrücksichten, hauptsächlich aber wegen der ebenso naheliegenden als schweren Gefahr einer Störung dieses hochwichtigen Heilungs- und Umwandlungsprozesses, unter keinen Umständen ausgeübt werden.

Säugt jedoch eine Frau ihr Kind, so haben gewissenhafte Ehegatten auf das Säugegeschäft noch weitere Rücksichten zu nehmen, die in der oben erwähnten, innigen Lebensgemeinschaft zwischen den Brüsten und den weiblichen Geschlechtsteilen, also in der Wechselwirkung begründet sind, welche beide – besonders noch während des Säugegeschäftes – aufeinander üben.

Es ist leicht zu begreifen, dass ein kräftiger Beischlaf nach langer Enthaltung auch auf die Brüste und das Säugegeschäft sowie auf die Beschaffenheit der Milch nicht ohne bedeutenden Einfluss bleibt und dass daher ein zu früh gewagter Beischlaf das Säugegeschäft, wo nicht ganz unterbrechen und aufheben, so doch insofern wesentlich beeinträchtigen kann, dass dadurch der Milch eine dem Kinde unzuträgliche und schädliche Beschaffenheit gegeben wird.

Erst nach Verlauf mehrerer Monate, nachdem die Wechselwirkung zwischen den Brüsten und der Gebärmutter zum normalen Zustande zurückgekehrt ist und die Natur durch behutsame und ganz allmähliche Rückkehr zu den früheren Gewohnheiten wieder ins Gleichgewicht gebracht ist, wird eine üble Nachwirkung der Ausübung des Beischlafes nicht mehr zu befürchten sein. Eine allzu ängstliche und allzu lange andauernde Enthaltsamkeit während des Säugens ist ebenso wenig zu empfehlen wie ein allzu rasches Zurückkehren zu einem völlig normalen Eheleben, weil dieselbe als widernatürliche Hemmung des neu erwachten, kräftigen und unbefriedigten Triebes zur ehelichen Umarmung, kraft der schon erwähnten Wechselwirkung zwischen den Brüsten und den Geschlechtsteilen, dem Säugegeschäfte nachteiliger werden könnte als eine mäßige Befriedigung desselben. - Die Regeln, welche sich aus diesen Untersuchungen von selbst ergeben, sind daher folgende:

a] Der Beischlaf während des Wochenflusses ist etwas Schändliches, Schädliches und oft Verderbliches.

b] Der erste Beischlaf bei nicht säugenden Frauen sollte erst einige Tage nach völlig beendeter Wochenreinigung stattfinden.

c] Bei Säugerinnen sollte er nicht eher stattfinden, als bis nach Beendigung der Wochenreinigung wenigstens einige Wochen verflossen sind. In keinem Falle wird aber des Guten zu viel geschehen, wenn - bei gutem und regelrechtem Verlaufe des Wochenbettes - erst nach vollendetem zweiten, bei säugenden Müttern erst zu Ende des dritten Monates nach der Geburt die eheliche Umarmung erneuert wird.

d] In zweifelhaften Fällen fragt man am besten einen rechtschaffenen und gewissenhaften Arzt um Rat.

Sechstes Kapitel.

Von dem Verhalten vor und nach dem Beischlafe.

In der Regel wird der Beischlaf in einer keuschen und echt christlichen Ehe ohne alle Vorherberechnung in richtigem Maße, wenn auch nicht unter pünktlicher Einhaltung der hierfür angegebenen Zeiträume ausgeübt werden. Die Absicht zur Ausübung desselben wird nicht lange vorher gefasst, sondern zeitlich so ziemlich mit der Ausübung selbst zusammenfallen. Vor Übermaß schützt der sittliche Charakter, vor Nachlässigkeit die gegenseitige Zuneigung. Aus diesem Grunde kann in einem christlich geordneten, sittlich gesunden Eheleben von Anweisungen für das Verhalten vor dem Beischlafe eigentlich kaum die Rede sein, indem eine solche Vorbereitung voraussetzt, dass eben der Beischlaf zu einer bestimmten Stunde vollzogen werden soll. Die hier aufgestellte Frage ist daher mehr auf gewisse Zustände und Verhältnisse der Eheleute zu beziehen, welche dem Beischlafe kurze Zeit vorangehen müssen, wenn er seinen Zweck, nämlich den der Zeugung eines Kindes sowie der Erhaltung der Gesundheit, erfüllen soll. In diesem Sinne beschränkt, löst sich die Beantwortung dieser Frage in folgende einzelne Regeln auf, welche zwar schon an andern Orten berührt worden sind, hier aber doch nochmals in Erinnerung gebracht werden sollen.

1. Nach kurz vorhergegangener Gemütsbewegung, sowohl freudiger als niederschlagender Art, nach ungewöhnlich schweren Arbeiten, so auch bei körperlichem Unwohlsein, sollte der Beischlaf selbst dann unterbleiben, wenn der Trieb dazu sich in gehöriger Stärke regt.

2. Bei vollem Magen, also während der Verdau-

ung, muss er ebenfalls unterlassen werden, und es ist daher von großer Wichtigkeit, dass die Abendmahlzeiten nicht kurz vor dem Schlafengehen gehalten werden. Nach stärkeren Mahlzeiten [Festmählern] oder Trinkgelagen ist unbedingt die vollständige Ernüchterung abzuwarten; haben selbe, wie das meist der Fall ist, gegen Abend stattgefunden oder sich in den Abend oder die Nacht hinein verlängert, so lasse man unter allen Umständen die Zeit bis zum nächsten Abend verstreichen, ehe man an eine eheliche Umarmung denkt; denn der Körper hat vollauf genug damit zu tun, sich von den Zumutungen zu erholen, die an seine Verdauungs- und Widerstandskraft bei solchen Anlässen gestellt werden. Auch nach Bällen, Fußpartien, länger andauernden Eisenbahnfahrten usw. gönne man sich erst gründliche Erholung und benutze die darauf folgende Nacht oder den Rest derselben zur Ruhe.

Nicht minder wichtig ist das Verhalten nach dem Beischlafe, besonders mit Rücksicht auf den Zweck der Kindererzeugung.

Die Frau hat nach dem Beischlafe alle heftigen Bewegungen zu meiden. Sie verlasse daher ohne dringende Not das Lager nicht mehr und lege sich eine Weile mit festgeschlossenen Oberschenkeln auf die Seite. Auf diese Weise wird der Ausfluss des männlichen Samens am besten verhindert und eine erwünschte Schwängerung erzielt. Es gibt Beispiele, wo diese Regel unbeachtet blieb und infolgedessen Jahre hindurch keine Schwangerschaft zustande kam. Als aber der Mann einmal die Rolle wechselte und die Frau besuchte, sodass sich letztere nach dem Beischlafe ganz ruhig verhalten konnte, wurde sie gleich nach dem ersten Besuche mit einer Leibesfrucht gesegnet.

Die Frau soll auch nicht den Gatten auf seinem Lager aufsuchen, sondern ihn in dem ihrigen erwarten; das gebietet schon das einfache Schamgefühl und die Rolle der Empfangenden, welche die Natur dem Weibe zugewiesen hat.

Rasches Emporspringen vom Lager, ja selbst das bloße Aufrichten von demselben, auch eine bald auf den Beischlaf folgende Harn- oder Darmentleerung [letztere besonders dann, wenn sie mit einiger Anstrengung verbunden ist], kann sehr leicht den Zweck des Zeugungsaktes vereiteln.

Der Mann hat nach vollzogenem Beischlafe weiter nichts zu tun, als sich der Ruhe und dem Schlafe zu überlassen. Eine zufällige oder absichtliche Verscheuchung des Schlafes würde gewiss allemal eine große Abspannung der Leibes-, noch mehr aber der Seelenkräfte zur Folge haben. Nach vollendetem Beischlafe müssen daher neue anhaltende Liebkosungen ebenso auch lebhafte Gespräche vermieden werden.

Dritter Teil.

Vom Ehe-Unglück, dessen Ursachen und Heilmitteln.

Erstes Kapitel.

Leichtsinn und Unverstand als Quelle allen Ehe-Unglückes.

Der schöne Spruch, dass die besten Hausfrauen diejenigen sind, von denen man am allerwenigsten spricht, lässt sich auch auf die Ehe anwenden. Von einer wahrhaft und dauernd glücklichen Ehe ist nur wenig zu sagen, und leider lässt sich dieser Ausspruch auch umkehren: Nur von verhältnismäßig wenigen Ehen lässt sich sagen, dass sie wahrhaft und dauernd glücklich sind. Ein dickes Buch ließe sich dagegen über das Ehe-Unglück schreiben, dem in diesem Büchlein freilich nur wenige Seiten gewidmet werden können. Ist die Schuld an dieser beklagenswerten Tatsache dem heiligen Institute der Ehe zuzuschreiben? Nun und nimmermehr! Wahrhaft christlich gesinnte Ehegatten werden selbst unter den ungünstigsten Lebensverhältnissen eine glückliche Ehe miteinander führen, denn die christliche Liebe und Duldung und die zuversichtliche Hoffnung auf den ewigen Himmelslohn in einem jenseitigen Leben wird sie stärken zu allen Entsagungen, wird sie trösten über alle Enttäuschungen, wird ihnen hinweghelfen über alle Klippen, welche ihr Lebensschifflein umdrohen. Die Quelle allen Ehe-Unglückes ist vielmehr im Leichtsinn und Unverstand zu suchen, welcher beim Abschluss der Ehen sowohl als auch nachher im ehelichen Leben selbst so häufig waltet. Auch sonst rechtschaffene und christlich gesinnte Personen verfallen nur zu oft in diese Fehler, wenn auch natürlich nicht in dem Maße wie die Tausende von gottvergessenen Kreaturen, welche den Ehestand als einen Stand der zügellosen Lust und des flotten Wohllebens betrachten, und bei denen dann das Ehe-Unglück schon nach den ersten Flitterwo-

chen seinen Anfang nimmt, um über kurz oder lang mit gleichgültigem Auseinandergehen, sündhaft und unchristlich, oder in Elend und Verzweiflung schrecklich zu enden.

Das vorliegende Büchlein ist nicht für diese Rotte Korahs geschrieben, welche die moralische Franzosenseuche aus dem Seinebabel leider auch auf unsern deutschen Boden herübergeschleppt und in Gestalt schlüpfriger Romane und Theaterstücke sozusagen bei uns eingeschmuggelt hat, sondern für ernst und fromm gesinnte Christen. Es soll darum nur von solchen Verirrungen des Leichtsinns und Unverstandes in demselben die Rede sein, welchen auch bessere Menschen verfallen können und in Wirklichkeit leider oft genug verfallen.

Welches sind die am häufigsten vorkommenden Ursachen des Ehe-Unglückes?

Es sind die folgenden: Zu früher und zu später Eintritt in den heiligen Ehestand; zu große Verschiedenheit der bisherigen Lebensgewohnheiten und Lebensansichten sowie des Alters der Eheleute;

Charakterzüge, welche erst nach dem Abschluss der Ehe an den Tag treten und mit denen sich der andere Teil nicht versöhnen kann; sittliche und leibliche Gebrechen, welche bemäntelt oder verschwiegen wurden; unzureichende Existenzmittel bei ungenügender Tatkraft und Berufsbildung auf Seiten des Mannes zur selbstständigen Erwerbung von Stellung und Vermögen, mangelnder Opferfreudigkeit und Arbeitswilligkeit auf Seiten der Frau, mangelnder Festigkeit der seelischen Gattenliebe auf beiden Seiten.

Größte Gewissenhaftigkeit bei der Prüfung seiner selbst und des anderen bräutlichen Teiles in Bezug auf die leiblichen, materiellen und geistigen - auch geistlichen! - Verhältnisse ist die höchste und wichtigste Pflicht der Brautleute, in deren Erfüllung sie auf die Unterstützung und Mitwirkung ihrer Eltern, Vormünder, Erzieher oder sonstigen älteren Freunde beiderlei Geschlechtes mit vollstem Rechte zählen dürfen; ja diese Unterstützung und Mitwirkung sogar fordern müssen, wenn sie ihnen nicht von selbst und im reichlichsten Maße geboten wird. Der alte Spruch: „Ehen werden im Himmel geschlossen" bezieht sich nur auf das heilige Band, welches die Eheleute verknüpft; aber dazu hat der Herr den Menschen die göttlichen Gaben der Vernunft und des freien Willens verliehen, dass sie sich ernstlich prüfen, ob sie reif und würdig, und in allen, insbesondere den Wechselbeziehungen zueinander, dazu geeignet und bereitet sind, dieses heilige Band fürs ganze Leben um ihre Hände und Herzen zu legen.

Der sorgfältigsten Selbstprüfung hat jeder von beiden in den Ehebund tretenden Teilen vor allem den Grad und die Beschaffenheit der Liebe zu unterziehen, welche ihn zum andern Teile hinzieht. Ist diese Liebe bloß eine sinnliche, den körperlichen Reizen geltende, so gedenke der gewissenhafte Christ der Wertlosigkeit und Vergänglichkeit dieser Reize und frage sich, was dann, wenn dieselben durch den ungestörten Besitz und die Gewohnheit ihre Anziehungskraft verloren haben, durch die

Mühsal des Lebens und die zerstörenden Einflüsse des Kindbettes nur zu bald verwischt worden sind, noch übrig bleibt, um das Eheband nicht bloß um des Gesetzes, sondern auch um der eigenen irdischen Glückseligkeit willen auch fernerhin zu einem wohltätigen und beseligenden Bindemittel und nicht zu einer unerträglichen Sklavenkette zu machen? Würden alle Brautleute diese Selbstprüfung mit der erforderlichen Strenge und Gründlichkeit vornehmen, wie viele unglückliche Ehen würden dann wohl ungeschlossen bleiben! Leider siegt aber der sinnliche Trieb, die Liebesleidenschaft, nur zu häufig über die Stimme des Gewissens, und statt der reinen, geistigen, christlichen Liebe bringen solche Brautleute einen Sinnenrausch mit in die Ehe, der nach wenigen Monaten verfliegt und kühler Gewohnheit, wenn nicht gar bitterer Enttäuschung Platz macht. Also nicht die körperlichen, sondern namentlich die geistigen Vorzüge und die Harmonie der Seele, welche nicht gleich jenen dem frühen Hinwelken ausgesetzt sind, sondern sich vielmehr bei richtiger Lebensführung mit den Jahren noch steigern, sollen bei der Wahl des Ehegatten ausschlaggebend sein. Die wahren Reize - auch die körperlichen! offenbaren sich meist erst bei innigerem Zusammenleben, und diejenigen des bescheidenen Veilchens erweisen sich oft fesselnder und dauerhafter als jene der stolzen, üppigen Rose! -

Ein zweiter Punkt, welcher der genauesten Selbstprüfung zu unterziehen ist, ist der eigene Charakter. Der Mann muss aufs sorgfältigste erwägen, ob er den Pflichten, welche ihm Gott durch die heilige Ehe als Gatte und Vater auferlegt, auch wirklich nach jeder Richtung hin gewachsen ist, ob er sich zum Mindesten des ernsten und unerschütterlichen Willens bewusst ist, diese Pflichten unter Aufopferung aller Kräfte zu erfüllen; die Braut muss sich alle Beschwerden und Entsagungen klar zum Bewusstsein bringen, welche ihrer als Gattin und Mutter warten; beide Teile müssen sich die Frage vorlegen, ob sie allen, auch den schwersten Prüfungen, welche ihnen die Ehe bringen kann und in den meisten Fällen auch wirklich bringt, in dem Sinne gewachsen sind, dass sie denselben im Vertrauen auf ihre gegenseitige Liebe mit freudiger Ergebung in den Willen des Herrn entgegensehen, und von ihnen nicht eine Erschwerung und Verbitterung, sondern vielmehr eine Kräftigung und Verherrlichung ihrer ehelichen Liebe, Treue und Hingebung erwarten können.

Erst nachdem die Brautleute durch Vornahme dieser Selbstprüfung zu der innigsten Überzeugung gelangt sind, dass sie mit der Hilfe und durch die Gnade des Herrn und im Vertrauen auf ihre echte Liebe und ihren ernsten und kräftigen Charakter den Ehebund ohne Beängstigung ihres Gewissens eingehen dürfen, haben sie zur Prüfung des anderen Teiles zu schreiten und diese Prüfung ohne alle Verblendung durch die sinnliche Liebe lediglich auf Grund der Vernunft und der Forderungen des Christentums nach denselben beiden Richtungen vorzunehmen, nach welchen sie zuvor die Prüfung an sich selbst vollzogen hatten.

Hält die Gegenliebe und der Charakter des anderen Teiles vor dieser Prüfung stand, dann kommen erst die übrigen Fragen an die Reihe; und wenn bei jenen ersten beiden Prüfungen der Rat und Beistand der Eltern oder erfahrener Freunde eine Wohltat ist, so ist er hier eine unbedingte Notwendigkeit. Die Fragen, welche hauptsächlich in Betracht kommen, sind:

Kenntnis des ehelichen und Familienlebens überhaupt. Hier ist es in erster Linie die Mutter oder mütterliche Beraterin, welche die Braut in allen notwendigen Punkten zu unterrichten, aufzuklären, zu ermutigen, aber auch zu warnen hat, während der Vater oder Vormund in zweiter Linie, und zwar namentlich in Bezug auf die materiellen Fragen, die Geldbedürfnisse eines Haushaltes, den Wert der in die Ehe eingebrachten Kapitalien oder sonstigen Bedürfnisse, die Einkünfte, Sicherheit der Stellung, Aussichten für die Zukunft, wirtschaftlichen Anlagen des Bräutigams mit Rat und Tat einzutreten, die nötigen Erhebungen unmittelbar beim Bräutigam und auch mittelbar durch gewissenhafte Einziehung von möglichst genauen Erkundigungen zu machen, kurz alles vorzukehren hat, damit geflissentliche oder absichtliche Täuschung zur Unmöglichkeit werde. Selbstverständlich werden bei diesem Anlasse auch die nötigen Erhebungen in Bezug auf Moralität, Religiosität und Charakter des Bräutigams teils durch mündliche Verhandlungen mit diesem selbst, teils durch Einholung von einlässlichen Erkundigungen zu machen sein.

Es ist eine heilige Pflicht der Eltern oder deren Stellvertreter, in dieser Beziehung nach keiner Seite Sorglosigkeit oder Vertrauensseligkeit walten zu lassen.

Dem Bräutigam wird, besonders wenn er noch jung an Jahren und in der Welt noch nicht sehr erfahren ist, ein solcher Rat und Beistand ebenso sehr von Nöten sein wie der Braut; nur darf nicht übersehen werden, dass ein Minderjähriger aus Gesundheits- und bürgerlichen Rücksichten überhaupt gar nicht heiraten sollte, und dass ein Volljähriger meistens bereits auf eigenen Füßen steht und daher auch schon zu selbstständigem Prüfen und Handeln befähigt und berufen sein sollte.

Von höchster Wichtigkeit für das Glück der Ehe ist die vorherige genaue Prüfung der Gesundheitsverhältnisse der Brautleute; diesem Gegenstande sei darum ein besonderes Kapitel gewidmet.

Zweites Kapitel.

Die leibliche Gesundheit beim Eintritt in die Ehe.

Es ist die größte Gewissenlosigkeit und darum vor den Augen Gottes höchst strafwürdig, wenn jemand in den heiligen Stand der Ehe eintritt, ohne sich vorher genau über den Zustand seiner leiblichen Gesundheit unterrichtet zu haben. Ebenso gewissenlos und strafbar ist es, wenn Eltern oder Vormünder zur Verehelichung einer Minderjährigen ihre Einwilligung erteilen, ohne sich vorher sowohl über den Gesundheitszustand der Braut selbst als auch über denjenigen des Bräutigams volle Gewissheit und Beruhigung verschafft zu haben. Die Pflicht eines jeden redlichen Hausarztes endlich ist es, auch in dem Falle, dass er nicht darum angegangen würde, seine Ansichten über diesen Punkt ohne allen Rückhalt den Eltern und der Braut selbst, je nach den Verhältnissen auch dem Bräutigam, mitzuteilen, sobald er Kenntnis von der beabsichtigten Verehelichung erhält.

Der Segen einer Gott wohlgefälligen ehelichen Liebe kann viele Schäden des Charakters mildern und heilen; er kann über die schlimmsten Klippen der materiellen Verhältnisse siegreich hinweghelfen; aber er kann gewisse Schäden an der leiblichen Gesundheit nicht heben. Darum kann es auch nicht Gottes Wille sein, dass jemand in die Ehe trete, dem er die hierzu erforderlichen leiblichen Eigenschaften nicht verliehen hat. Es gibt leibliche Übel oder Gebrechen, welche die Erfüllung des Ehezweckes, Begattung und Befruchtung, schlechterdings unmöglich machen oder besten Falles wesentlich erschweren und in Frage stellen; andere Übel und Gebrechen gestatten zwar die Begattung, aber nicht die Befruchtung; noch andere verhindern weder diese noch jene, wirken aber verderblich auf die Gatten selbst oder auf deren Nachkommenschaft. In beiden Fällen wird und muss die Ehe eine ungesegnete und unglückliche werden. Die Verheimlichung solcher Übel bringt darum nicht allein dem Schuldigen, sondern auch dem schuldlosen Teile zeitliches und oft auch ewiges Unheil und muss daher einerseits als eine vermessene Auflehnung gegen die Vorsehung und eine Herausforderung der strafenden Gewalt Gottes, andererseits als ein schmählicher Betrug an der Lebensbestimmung und dem Lebensglücke des anderen Teiles bezeichnet werden. Eltern oder Vormünder, welche aus Gleichgültigkeit, Leichtsinn und Unverstand, aus falscher Scham und übel angebrachtem Zartgefühl, aus grober Unwissenheit oder gar aus selbstsüchtiger Arglist eine solche Verheimlichung begünstigen, machen sich derselben schweren Sünde als Helfershelfer und obendrein der größten Pflichtverletzung schuldig, sind daher doppelt strafbar vor Gott und den Menschen.

Es ist daher jedenfalls viel wichtiger, dass sich die Brautleute, beziehungsweise deren natürliche Rechtsvertreter, eine glaubwürdige Urkunde über den Gesundheitszustand des anderen Teiles, als ein solches über deren Vermögensverhältnisse behändigen lassen. In Wirklichkeit geschieht aber Letzteres häufig, Ersteres fast nie. Jede Lebensversicherungsanstalt, die einen Kunden für etliche Tausende auf den Todesfall versichert, lässt durch ihren Arzt ein ganz genaues Verhör über dessen Gesundheitszustand anstellen; um wie viel mehr ist das notwendig, wenn es sich nicht bloß um ein einzelnes Leben und etwas Geld, sondern um das Lebensglück einer ganzen Familie und ihres Nachwuchses handelt!

Die Frage, ob eine Person ihren leiblichen Gesundheitsverhältnissen nach zum Eintritte in den heiligen Ehestand tauglich und berechtigt ist, zerfällt in mehrere Teile. Es kommt nämlich bei derselben in Betracht:

a] Die Abstammung.

b] Das Vorleben.

c] Das Alter.

d] Der augenblickliche allgemeine Gesundheitszustand.

e] Die Beschaffenheit der Geschlechtsorgane im Besonderen.

Wir wollen jedem dieser Punkte eine kurze Betrachtung widmen.

a] Die Abstammung. Es gibt gewisse Krankheiten, welche von den Eltern auf die Kinder und Kindeskinder vererbt werden. Dieselben verschonen oft eine Generation und treten bei der nächsten und übernächsten wieder auf; der Umstand, dass Vater und Mutter des betreffenden Ehekandidaten von einer in ihrer Familie erblichen Krankheit freigeblieben sind, beweist somit gar nichts zu Gunsten des letzteren. Wer also weiß, dass in seiner Familie unter den direkten Vorfahren eine solche erbliche Krankheit geherrscht hat, der unterlasse das Heiraten, wenn ihm nicht ein gewissenhafter Arzt die vollste Beruhigung darüber gibt, dass er weder für sich noch für seine Kinder einen Rückfall in die betreffende Familienkrankheit zu befürchten habe.

Solche erblichen Krankheiten sind: Lungenschwindsucht [Tuberkulose], Syphilis [Venerie, Lustseuche], Krebs, Geisteskrankheiten und die so genannte Bluter-Krankheit, welche in der Neigung zur Gefäßberstung besteht.

b] Das Vorleben. Dieser Punkt kommt vornehmlich bei Männern in Betracht. Solche, die in früher Jugend Onanie [Selbstbefleckung] getrieben oder sonst sehr früh geschlechtlichen Ausschweifungen sich hingegeben haben, auch solche, die ein allzu durstiges Studentenleben geführt und sich infolgedessen Blutverderbnis [frühzeitige Fettbildung], chronischen Magenkatarrh, Leberbeschwerden usw. zugezogen haben, sollen das Heiraten jedenfalls bis nach zurückgelegtem 30. Lebensjahre verschieben und auch dann nur unter der Voraussetzung in die Ehe treten, dass ihre Gesundheit sich wieder vollkommen befestigt hat. Solche endlich, welche an Syphilis gelitten haben, sollen ohne unbedingte Zustimmung eines tüchtigen Arztes unter keinen Umständen ein Weib an ihren vergifteten Kadaver fesseln und ihr Gewissen nicht mit der Erzeugung von Kindern belasten, welche das väterliche Brandmal ererben und auf ihre Nachkommenschaft übertragen könnten.

c] Das Alter. Allzu frühzeitige Verheiratung ist für Mann und Weib gleich schädlich. Das Aussterben der Indianerstämme Amerikas wird hauptsächlich dem frühen Heiraten zugeschrieben. Der Mann erreicht unter unserem Himmelsstriche erst im 24., das Weib im 18.-20. Lebensjahre jene volle Reife und Körperkraft, die für ein gesundes und dauerhaftes Eheleben und tüchtigen Nachwuchs Vorbedingung ist. Das Sprichwort „Jung gefreit hat noch keinen gereut" hat seine volle Berechtigung; aber die Jugendgrenze muss dabei eben so gezogen gedacht werden, dass sie nur völlig ausgereifte, für den Ehestand volltaugliche Individuen mit einschließt. Ist aber dieser Grad der Reife einmal erreicht, dann ist auch der richtige Zeitpunkt zum

Heiraten gekommen. Die Enthaltung vom Beischlafe während der Jahre der Reife zieht beim Manne fast immer, zumal bei kräftigen, lebhaften, an Wohlleben gewöhnten und von großer Körperanstrengung sich freihaltenden Personen allerhand Übel, wie: Schmerzen in den Hoden und Samensträngen, Kopfleiden, Brustbeschwerden, Gemütsverstimmung und endlich eine immer mehr zunehmende Impotenz {[Unfähigkeit zur Begattung und Befruchtung]} nach sich. Bei Frauenzimmern schafft dieselbe allgemach den bekannten Typus der alten Jungfer mit seinen körperlichen und seelischen Unschönheiten und Gebrechen. Junggesellen und Jungfrauen, welche über das zweite Drittel des mittleren Lebensalters, das beim gesunden Manne vom 24.-60., beim Weibe vom 20.-45. Lebensjahre währt, hinaus sind, also ledige Männer an der Schwelle der Fünfziger und Mädchen über 36 Jahre sollten darum sich selbst und dem andern Teil zuliebe das Heiraten lieber ganz sein lassen, es wäre denn, dass sie beiderseitig nur an die Begründung eines wohlbehäbigen Hausstandes oder an den Abschluss eines Seelenbundes denken, der unter Umständen mit Rücksicht auf die äußeren Verhältnisse und zur Vermeidung von Ärgernis nur im Ehebunde seine Verwirklichung finden kann. Für ledige Frauenzimmer ist besonders zu bemerken, dass die Geburtsteile mit den zunehmenden Jahren die Fähigkeit verlieren, sich den Zuständen und Bedingungen der Schwangerschaft und des Gebäraktes anzupassen, und dass folglich älteren Mädchen, die in den Ehestand treten, im Falle der Empfängnis große Gefahr für Gesundheit und Leben droht.

Ebenso gefährlich und verderblich wie vor völlig erlangter Geschlechtsreife ist die Ausübung des Beischlafes im Greisenalter. Unter Eheleuten, die miteinander alt geworden sind, tritt der allmähliche Verzicht auf den Beischlaf ganz von selbst in dem gleichen Maße ein, in welchem der Geschlechtstrieb erlischt, nachdem er während der langjährigen Dauer der Ehe erst seine volle Befriedigung, dann seine allmähliche Abkühlung und Verminderung

SERIE 66

218

erfahren hat. Wer aber in vorgerücktem Alter noch einmal heiratet, der begibt sich in einen völlig neuen Brautstand, dessen Anforderungen er nicht mehr gewachsen ist, der ihn also rasch aufreiben muss. Ein vertrockneter Junggeselle heiratet nicht mehr oder macht sich selbst zum Narren, wenn er's tut; ein in Sünden grau gewordener Wüstling nimmt sich höchstens eine Frau, um eine Krankenwärterin zu haben. Ein alter Mann sollte schon aus Achtung vor sich selbst und um seiner eigenen Erhaltung willen den Abschluss einer Ehe mit einer jüngeren Frauensperson unterlassen. Die Verheiratung junger Mädchen mit alten Wüstlingen ist ein widerlicher, verdammenswerter Menschenfleischhandel, da es sich dabei von Seite der Braut in allen Fällen nur um das liebe Geld handeln kann. Man weise mir nur einen einzigen Fall auf, dass ein reiches Mädchen aus Liebe einen armen, alten Mann geheiratet hat, und ich will diese Behauptung widerrufen, obwohl man die Fälle zu Hunderten kennt, in welchen das Umgekehrte stattfand und noch alle Tage stattfindet. Alles in allem ist die Verehelichung von Personen in vorgerücktem Alter untereinander oder mit jungen Personen als zweckwidrig und darum zugleich als unsittlich und sündhaft zu verwerfen.

d] Der augenblickliche, allgemeine Gesundheitszustand. Schwächliche, blutarme, sehr reizbare, nervenkranke Personen, Rekonvaleszenten nach schweren Krankheiten, Krüppel, Buckelige, solche die an einem ekelhaften Gebrechen leiden [wie z. B. Gestank aus Mund, Nase, Ohren, hochgradiger Fußschweiß], Mondsüchtige und Epileptische [Fallsüchtige] sollen überhaupt nicht oder erst nach vollständiger Heilung heiraten, sowohl um ihrer selbst willen als auch aus Rücksicht für den andern Teil und die Nachkommenschaft. Gewissenhaften Brautleuten, beziehungsweise deren Eltern oder Vormündern, ist unbedingt und in allen Fällen, d. h. auch dann, wenn sie sich völlig gesund fühlen, vor Abschluss des Ehebündnisses die Beratung mit einem tüchtigen Arzte dringendst anzuempfehlen. Die schon weiter oben angedeutete Ausfertigung eines förmlichen umständlichen Attestes, wie solche z. B. für die Aufnahme in die Lebensversicherung bestehen, hat nicht allein für den andern Teil, sondern auch für die betreffende Person selbst einen großen Wert, weil sie durch ein solches Attest volle Gewissheit [wenigstens soweit die schwache menschliche Erkenntnis reicht!] über ihren Zustand, und zugleich ein sicheres Beweismittel dafür erhält, dass sie ihrerseits die Gewissenspflicht einer genauen Erforschung des leiblichen Gesundheitszustandes getreulich und rechtzeitig erfüllt hat. Gewiss ein großer Trost für ein gewissenhaftes christliches Gemüt in dem Falle, dass bald nach der Hochzeit eine bösartige Krankheit zum Ausbruch kommen sollte, welche ihrer Natur nach den Verdacht geflissentlicher Verheimlichung erwecken könnte! Solche ärztliche Heiratsatteste sind leider noch nicht von Gesetzeswegen eingeführt, und ebenso unwahrscheinlich ist es, dass eine beträchtliche Anzahl der Leser und Leserinnen dieses Buches auf meinen Rat hin zu dem Entschluss kommen wird, im Falle der eigenen Verheiratung oder für das in die Ehe tretende eigene oder Pflegekind ein solches Attest ausfertigen zu lassen, beziehungsweise vom anderen Teile zu verlangen. Das Vorurteil und die „Rücksichtsvöllerei" sind eben in dieser Beziehung noch viel zu groß. Es gibt aber ein Mittel, um ein solches Attest auf einem Umwege zu erlangen, der nicht nur völlig ehrlich und zulässig, sondern auch in wirtschaftlicher Beziehung sehr ersprießlich für ein junges Ehepaar ist. Man schließe vor dem Eingehen in die Ehe mit einer soliden Gesellschaft einen Lebensversicherungsvertrag auf den Todesfall ab. Das versicherte Kapital mag ein noch so bescheidenes sein; der angestrebte Zweck einer gründlichen Prüfung der Gesundheitsverhältnisse des zu Versichernden und seiner Vorfahren und nächsten Verwandten wird jedenfalls erreicht und zwar durch Ärzte, von denen man nicht eine allzu wohlwollende und gefällige Beurteilung zu besorgen hat, weil sie zur strengen und wahrheitsgetreuen Prüfung verpflichtet sind. Schon die einfache Annahme des Versicherungsantrages würde eine gewisse Gewähr für die günstigen Gesundheitsverhältnisse der betreffenden Heiratskandidaten bieten; die Lebensversicherungsanstalten müssten sich aber eigens auf solche Versicherungen von Brautpaaren einrichten und in diesem Falle - mit Einverständnis des Antragstellers - Abschriften der Arztatteste und Deklarationen ausfolgen.

Vielleicht bringt diese Anregung praktischen Nutzen; notwendig wären förmliche Atteste über die Gesundheitsverhältnisse von Ehekandidaten unter allen Umständen, und ein wahrer Segen für die Menschheit wäre es, wenn dieselben gesetzlich eingeführt würden und dem Zivilstandesbeamten mit den anderen vorgeschriebenen und viel weniger wichtigen Papieren zu allfälligem Einspruche vorgelegt werden müssten. Die moderne Wirtschaftslehre hält große Stücke auf die Stammregister für Rennpferde und Rindviehrassen, welche auf Erzielung reiner und edler Stämme hinwirken; die moderne Wissenschaft weiß uns alles Mögliche zu erzählen von Zuchtwahl, Vererbung und Anpassung; Kunstgärtner, Hühner- und Taubenzüchter bilden sich nicht wenig ein auf ihre Geschicklichkeit, die unglaublichsten Spielarten willkürlich herzustellen; aber um eine richtige, zweckmäßige, veredelnde Menschenzucht bekümmert sich niemand, und der Staat, der das nächste und höchste Interesse an der Erhaltung der Volkskraft und Volksgesundheit hat, lässt das „skrophulöse Gesindel"*) sorglos weiter-

*) Professor Leo, einer der hervorragendsten Vertreter der reaktionären Regierungspolitik in der nachmärzlichen Zeit, schrieb 1853: „Gott erlöse uns von der europäischen Völkerfäulnis und schenke uns einen frischen, fröhlichen Krieg, der Europa durchtobt, die Bevölkerung sichtet und das skrophulöse Gesindel zertritt, das jetzt den Raum zu eng macht, um noch ein ordentliches Menschenleben in der Stickluft führen zu können." Dieser Satz ist um so bemerkenswerter, als er einerseits die Not des Staates infolge der Verkommenheit des Volkes, andererseits aber die völlig verkehrte Anschauung der maßgebenden Kreise in Betreff des Mittels zur Ab-

züchten und trägt durch diese schwere Unterlassungssünde mit Schuld daran, dass die Kulturrasse immer mehr und mehr leiblich und geistig verkümmert und die „Decadence" [der Verfall] nun schon zu einem Modeartikel im geistigen und Kunstleben geworden ist – es werden konnte und musste, weil einem Pygmäengeschlechte eben nur ein Pygmäengeschmack zusagt.

e] Die Beschaffenheit der Geschlechtsorgane im Besondern. Viel häufiger, als man es meinen sollte,

---

hilfe dieser Not zum Ausdruck bringt. Das gedankenlose Pochen auf die Staatsgewalt ohne Befähigung und Absicht zur richtigen Anwendung derselben im Interesse des Staates und Volkes offenbart sich in dem mörderischen Gedanken Leos, der Not durch Ausrottung der Notleidenden abzuhelfen, aufs Deutlichste. Der Herr Professor hat nicht einmal die nächst liegende Folgewirkung seiner hirnverbrannten Heiltheorie ins Auge gefasst, nämlich die, dass in einem großen Kriege gerade die gesundesten Volkselemente zum Kanonenfutter werden, wogegen das „skrophulöse Gesindel" hübsch zu Hause bleibt!

kommen – namentlich beim weiblichen Geschlechte – Missbildung oder krankhafte Zustände der Geschlechtsteile vor, welche die Begattung und Befruchtung verhindern oder doch wesentlich erschweren, den Gebärakt ohne chirurgische Beihilfe voraussichtlich unmöglich oder doch sehr schwierig und sogar lebensgefährlich machen, oder endlich den Eintritt in ein eheliches Verhältnis aus allgemeinen ärztlichen Gesichtspunkten nicht rätlich, ja geradezu untunlich erscheinen lassen. Es wäre überflüssig, die Einzelheiten solcher Fälle hier des Näheren zu erörtern, da schließlich doch nur der Arzt imstande ist, deren Vorhandensein festzustellen und ein maßgebendes Urteil zu fällen. Auch bei Männern kommen solche Fälle vor. So habe ich z. B. einen bildschönen, kerngesunden jungen Mann gekannt, der im Feldzug 1870 das Unglück hatte, durch einen Streifschuss eine an sich unwesentliche Verwundung der Eichel zu erleiden. Die Heilung ging rasch vonstatten, doch bildete sich infolge der Vernarbung eine wulstartige Missbildung des übrig gebliebenen Teiles der Eichel, welche sich dergestalt vor die Mündung der Harnröhre schob, dass der Urin nicht mehr in gerader Richtung ausfließen konnte, sondern in einzelnen Strahlen nach seitwärts und rückwärts entwich. Die Beseitigung dieses Übelstandes hätte eine umfangreiche Operation erfordert, durch welche das Glied völlig verstümmelt worden wäre. – Der junge Mann war Bräutigam, liebte seine Braut ebenso zärtlich als er von ihr geliebt wurde und war von der Überzeugung durchdrungen, dieselbe durch Rückgängigmachung der Verlobung wegen der erlittenen Verstümmelung namenlos unglücklich zu machen. Er verheimlichte deshalb ihr und allen anderen Menschen das Unglück, das ihm widerfahren war. Allein die schrecklichsten Gewissensbisse folterten ihn ohne Unterlass. Er ahnte, dass sein physischer Zustand keine erfolgreiche Begattung zulassen werde; allein er hatte nicht den Mut, sich hierüber Gewissheit zu verschaffen. Schon war der Hochzeitstag festgesetzt und nahe herangerückt; da führte mich der

Zufall mit dem beklagenswerten jungen Manne zusammen. War es bloß Zufall? Nein! Sichtbarlich waltete hier die Fügung Gottes. Der Arzt, welcher den jungen Mann behandelt hatte, war ein Studiengenosse von mir und hatte bald nach dem Feldzuge jenen Fall als Kuriosum in einem Kreise von Fachgenossen, an welchem auch ich teilgenommen hatte, erzählt. Als ich nun mit dem jungen Manne zusammentraf, kam das Gespräch auf den Feldzug, auf seine Verwundung – deren Charakter er mir natürlich verschwieg – und auf den behandelnden Arzt. Wie eine Erleuchtung von oben kam es mir urplötzlich in den Sinn, der Gegenstand jenes seltsamen Missgeschickes sitze vor mir. – „Ich kenne die Art und Weise Ihrer Verwundung!" platzte ich heraus, ohne mir selbst darüber Rechenschaft geben zu können, was mich eigentlich zu diesem so wenig begründeten Ausspruch gedrängt hatte. Er wurde leichenblass. „Still, um Gotteswillen!" flehte er mich halblaut an – „ich stehe im Begriffe, mich zu verheiraten!" „Um so weniger darf ich stillschweigen!", erwiderte ich fest. „Kommen Sie mit mir!" – Der Unglückliche folgte mir willenlos nach meiner Wohnung. Hier stellte ich ihm das volle Unrecht seiner Handlungsweise dar. Ich machte ihm vom wissenschaftlichen Standpunkte aus die Unmöglichkeit klar, einen erfolgreichen Beischlaf auszuüben, indem ich ihm erklärte, dass der infolge der eigenartigen Verstümmelung seines Gliedes in die Vagina [Mutterscheide] zurücktretende Same wegen der zerstörenden chemischen Einwirkung des Vaginaschleimes auf denselben unfruchtbar bleiben müsse. Der Beklagenswerte war ganz gebrochen und verließ mich wie einer, der alle Lebenshoffnung aufgegeben hat. Aber sein Gewissen war geweckt; zwei Tage vor dem für die Hochzeit festgesetzten Termin erklärte er dem Vater der Braut seinen Rücktritt und die Ursache desselben und verließ zu gleicher Stunde die Stadt. Was aus ihm geworden, weiß ich nicht; die Braut war sehr unglücklich, hat sich indes seither mit einem andern verheiratet. Ich hoffe und bitte Gott inbrünstig, dass auch der beklagenswerte Bräutigam in dem Bewusstsein, eine heilige Gewissenspflicht erfüllt zu haben, sich getröstet und wieder aufgerichtet haben möge.

Ich habe dieses Ereignis aus meiner eigenen ärztlichen Praxis aus dem Grunde hier erzählt, weil es denjenigen, die sich in einem ähnlichen Falle befinden sollten, als ein lehrreiches Beispiel dienen kann. Viele – namentlich gilt dies vom weiblichen Geschlechte – haben gar keine Ahnung von ihrer Untauglichkeit zum Begattungs- und Befruchtungsgeschäfte, da weder ein bewusster Anlass noch ein äußerliches Merkmal oder eine Empfindung ihres Zustandes vorhanden ist. Ja, es gibt Fälle, in denen selbst der geschickteste Arzt nicht imstande ist, solche Gebrechen zu konstatieren. Aber gerade darum, d. h. um der Beruhigung des eigenen Gewissens willen, sollte keiner, der in den Stand der heiligen Ehe tritt, es verabsäumen, sich über seine Fähigkeit, dem Ehewerke erfolgreich zu obliegen, die volle Gewissheit zu verschaffen. Denn das Unglück, das aus der zu späten Erkenntnis der ehelichen Unfähigkeit entstehen kann, ist unberechenbar und namenlos. Das Bewusstsein, an ein um sein Ehe- und Lebensglück betrogenes, geliebtes Ehegemahl zeitlebens gekettet zu sein, muss schrecklicher sein als das Gefühl eines Mörders, den man an die Leiche seines Opfers fesselt. Beim weiblichen Geschlecht ist die Zahl der Gebrechen, welche zur Ehe untauglich machen, weit erheblicher als beim Manne. Die so genannten „Frauenkrankheiten" bilden einen besonderen und sehr umfangreichen Abschnitt der Heilkunde, und ihre Heilung [oder Nichtheilung] beschäftigt Legionen von so genannten „Frauenärzten", die als gesuchte Spezialisten sehr viel Geld verdienen, aber im ganzen sehr wenig helfen können.

Die Frauenkrankheiten sind zum großen Teil Mädchenkrankheiten, d. h. ihre Wurzel und ihr Beginn liegen bereits im Kindes- und jungfräulichen Leben des Weibes, und ihr Hervortreten während des Ehelebens ist nur die Folge einer ungünstigen Veranlagung für den Ehe-Zweck, die entweder angeboren oder durch verkehrte Erziehung und Lebensführung schon vorher erworben worden ist. Die angeborenen Mängel können sich auf die Geschlechtsteile, den Eierstock, die Gebärmutter und das Becken beziehen; sie sind zum größeren Teile im jungfräulichen Zustande schwer oder gar nicht zu erkennen, immerhin weisen aber Störungen und Unregelmäßigkeiten im Monatsflusse, allgemeine Erscheinungen des Nervenlebens, des Gemütszustandes, der Verdauungsverhältnisse usw. auf dieselben hin, und ein tüchtiger Arzt kann durch gründliche Prüfung und Untersuchung wenigstens auf Vermutungen kommen und eine zweckmäßige Diät und Behandlung verordnen, durch die das Übel, wenn früh genug dagegen eingeschritten wird, oft noch während der jungfräulichen Zeit behoben werden kann. Von großer Wichtigkeit ist, wie bereits früher erwähnt, der Bau des Beckens, da Abweichungen desselben von den normalen Verhältnissen der Form und Weite den Geburtsakt erschweren oder ganz unmöglich machen können, auch der richtigen Entwicklung der Frucht die mannigfaltigsten und nachteiligsten Hindernisse bereiten können. Zur Untersuchung des Beckens hat man eigene Instrumente erfunden, doch kann ein geschickter und erfahrener Arzt auch ohne solche mit ziemlicher Bestimmtheit erkennen, ob das Becken normal ist oder ob es mehr oder weniger wichtige Abweichungen von der Norm zeigt. Die Beckenuntersuchung ist daher ein unumgängliches Erfordernis, die Unterlassung derselben eine sündhafte und sträfliche Pflichtvergessenheit seitens der Braut, sofern sie über die Notwendigkeit dieser Untersuchung unterrichtet ist, der Eltern oder Pflegeeltern, die die Pflicht haben, über derlei Fragen sich und ihr Kind oder ihren Pflegling zu unterrichten, und namentlich auch des Hausarztes, der, sobald er von dem beabsichtigten Eingehen eines Ehebundes Kenntnis erhält, selbst auf die genaue Untersuchung der Geschlechtsteile und des Beckens dringen muss. Dass die Missgestaltung des Beckens nicht immer angeboren ist und dass sie auf orthopädischem Wege häufig behoben, durch zweckmäßige Erziehung, Aufmerksamkeit auf die Körperhaltung, Leibesübungen usw. verhindert werden kann, sei hier nur beiläufig erwähnt.

Alles in allem soll dieses Kapitel Euch lehren und raten: Schüttelt den herkömmlichen Schlendrian ab, lasst Euch nicht durch Sorglosigkeit und Vertrauensseligkeit zu falschen Rücksichten verleiten, zeigt Euch nicht feige der besseren Erkenntnis gegenüber, sondern verschafft Euch, Ihr Verlobten sowie auch Ihr Eltern und Vormünder von Verlobten, volle Gewissheit über Euren eigenen, beziehungsweise Euerer Schutzbefohlenen tauglichen Zustand zur Eingehung einer fruchtbaren und glücklichen Ehe! Fordert gegenseitig den zuverlässigen Nachweis über die Erfüllung dieser wichtigsten Vorbedingung eines zweckentsprechenden Ehebundes! Lehnt Euch nicht gedankenlos, leichtfertig, trotzig und selbstsüchtig gegen die etwaigen Hindernisse einer ehelichen Verbindung auf, sobald Ihr dieselben erkannt habt, sondern bedenkt, dass Euer bloßes Verlangen nach einer solchen Verbindung, wie stark es auch sein mag, zur Beseitigung solcher Hindernisse nicht genügt, und dass Entsagung einen vorübergehenden, blindes Hineinstürzen in die Gefahr aber einen dauernden Leidenszustand nach sich zieht und Euch für Zeit und Ewigkeit unglücklich machen kann!

Drittes Kapitel.

Erhaltung des ehelichen Glückes.

Das Vorbauungsmittel gegen drohendes Ehe-Unglück hatten wir im vorhergehenden Kapitel kennen gelernt; es besteht in der genauen Prüfung und unbedingten Berücksichtigung aller, für eine glückliche Ehe erforderlichen Vorbedingungen, beziehungsweise der allfälligen Gegenanzeichen. Ist aber die Ehe einmal abgeschlossen, dann nützt solche vorbauende Vorsicht nichts mehr, dann muss die verwaltende und erhaltende Vorsicht an ihren Platz treten. Es würde über Raum und Zweck des vorliegenden Büchleins weit hinausgehen, wollte ich hier auf die mannigfaltigen

Verhältnisse des Näheren eintreten, die während des ehelichen Lebens auf das Gatten- und Familienglück förderlich oder hinderlich einwirken können. Meine Aufgabe ist lediglich die Aufklärung über die eheliche Pflicht vom christlichen und ärztlichen Standpunkte. Deshalb werde ich hier nur dasjenige besprechen, was auf die Erhaltung des ehelichen Glückes hinsichtlich des Ehe-Werkes an und für sich Bezug hat, soweit nicht schon die vorhergehenden Abschnitte darüber genügend Auskunft geben. Die Hindernisse eines dauernden Eheglückes sind in dieser Beziehung hauptsächlich die folgenden:

a] Unfruchtbarkeit; b] Hinfälligkeit des erzielten Kindersegens; c] ungünstige d. h. den Wünschen der Eltern nicht entsprechende Verteilung des Geschlechtes der Kinder auf die Familie; d] allzu reichliches Eintreten des Kindersegens.

a] Was die Unfruchtbarkeit anbelangt, so kann vorbauende Vorsicht vor Abschluss der Ehe viel, ja verhältnismäßig das allermeiste gegen dieselbe ausrichten.

Sollte indes diese Vorsicht nicht angewendet worden sein oder nicht zu dem richtigen Ergebnisse geführt haben, was bei der Unvollkommenheit der ärztlichen Kenntnisse wohl möglich wäre, so soll man wenigstens nicht verabsäumen, bei länger andauernder Unfruchtbarkeit einen Arzt zu Rate zu ziehen. Die Unfruchtbarkeit kann auf Seite der Frau und auf Seite des Mannes bestehen, kann unmittelbare oder mittelbare Ursachen haben. Unmittelbare Ursache der Unfruchtbarkeit ist auf Seite der Frau: Mangel an reifen und keimfähigen Eiern am Eierstocke, beziehungsweise Erkrankungen oder von Geburt her bestehende Bildungsfehler an demselben, welche die Bildung von keimfähigen Eiern verhindern; auf Seite des Mannes: Mangel an befruchtungsfähigen Samenkörperchen in der Samenflüssigkeit sowie solche Erkrankungen oder angeborene Fehler der Hoden und ihrer einzelnen Bestandteile, welche die Bildung keimfähiger Samenkörperchen verhindern. Mittelbare Ursachen der Unfruchtbarkeit sind Krankheiten oder Mängel der äußeren Geschlechtsteile, allgemeine Schwächezustände und unrichtiges Verhalten beim Zeugungsakte. Die Unfruchtbarkeit beim Manne nennt man Impotenz, ein Ausdruck, mit dem auch zugleich die Unfähigkeit zur Ausübung des Zeugungsaktes bezeichnet wird. Die Impotenz kann aber auch vorübergehender Natur sein, ebenso, wie die Erkrankungen der Zeugungsorgane und die allgemeinen Schwächezustände, welche Unfruchtbarkeit zur Folge haben, durch die Kunst des Arztes und die Selbstheilkraft der Natur häufig genug behoben werden können. Die Unfruchtbarkeit kann aber auch durch unrichtiges Verhalten beim Zeugungsakte selbst verursacht sein, und auf diesen Punkt werde ich noch einmal zurückkommen. Es kommt zuweilen vor, dass bei Frauen, welche schon einmal oder öfter geboren haben, Unfruchtbarkeit eintritt. Die Ursache dieser Erscheinung kann in Erkrankungen der Geburtsteile liegen, welche durch die früheren Entbindungen hervorgerufen worden sind, und ihre Behebung - sofern diese überhaupt möglich - ist dann Sache des behandelnden Arztes. Dieselbe kann aber auch durch andere Umstände verursacht werden, und dieser Fall wird in der Regel da zutreffen, wo der Verlauf der vorhergegangenen Entbindungen und das Befinden der Frau nach denselben und seit dem letzten Geburtsakte keinerlei Erscheinungen zu Tage förderte, aus denen auf einen krankhaften Zustand der Geburtsorgane geschlossen werde könnte. Eine solche Unfruchtbarkeit ohne damit verbundene eigentliche Erkrankung kann auch von Beginn der Ehe vorhanden sein und verschiedene Ursachen haben, wie Blutarmut, Bleichsucht, Nervenschwäche, unrichtige Ernährungsweise [wie z. B. gewohnheitsmäßiger Genuss hitziger Speisen und Getränke], habituelle Trägheit der Funktionen, namentlich derjenigen der Geschlechtsorgane und des Geschlechtstriebes an sich ebenso aber auch übermäßiger Geschlechtstrieb. Das Mittel zur Beseitigung derselben liegt in der Behebung des abnormalen Zustandes oder der nachteiligen Angewöhnungen, welche als deren ver-

209
ER
PARIS

P.C
PARIS
2156

anlassende Ursache erkannt oder vermutet werden. Ich will hier aus meiner eigenen ärztlichen Erfahrung einen Fall mitteilen, in welchem die Unfruchtbarkeit durch Geschlechtsträgheit verursacht worden war und mit einfachsten Mitteln behoben werden konnte.

Es handelte sich dabei um ein noch junges Ehepaar in günstiger und angesehener bürgerlicher Stellung, dem der liebe Gott bereits zwei Kinder geschenkt, aber in zartem Alter wieder weggenommen hatte. Man kann sich wohl vorstellen, mit welcher Sehnsucht das Paar sich einen Ersatz für das verlorene Eheglück wünschte. Längere Zeit blieb diese Sehnsucht ungestillt, das Gebet der frommen Eltern unerhört. Da gelangte der Mann in den Besitz der ersten Auflage des vorliegenden Büchleins, fasste, da seine christlichen Gesinnungen mit den meinigen übereinstimmten, Vertrauen zu mir und wandte sich brieflich um Rat an mich. Obwohl ich nun das Erteilen brieflichen ärztlichen Rates grundsätzlich für unzulässig und unter Umständen geradezu für gewissenlos und betrügerisch halte, so lag doch in diesem Falle kein Bedenken vor, einen Ratschlag zu erteilen, wie ihn jeder erfahrene Laie schließlich auch hätte erteilen können. Aus der sehr umständlichen und klaren Mitteilung des Mannes über die näheren Umstände des ehelichen Verhältnisses und die Veranlagung der beiden Gatten ging hervor, dass beim Manne eine leichte Geschlechtsschwäche, bei der Frau Geschlechtsträgheit, verbunden mit ziemlich kühlem Temperament, vorhanden war. Mein Rat – eine ärztliche Verordnung mag und darf ich es gar nicht nennen – ging nun dahin: Der Mann, der einem gelehrten Berufe angehörte, sollte zuvorderst den nächstbevorstehenden Monatsfluss der Frau und dann auch noch die Zeit des Eintrittes der folgenden Reinigung abwarten, während dieser ganzen Zeit sich des Beischlafes enthalten, reizlose, vorwiegend eiweißhaltige Nahrung in möglichst reichem Maße zu sich nehmen und die Verdauungskraft durch stärkere Bewegung im Freien, weite Spaziergänge usw. nach Möglichkeit fördern. Kurz vor oder unmittelbar nach Ablauf der Menstruation sollte der Begattungsakt vor sich gehen und zwar zu ungewohnter Stunde und am ungewohnten Orte, gleichsam wie eine stürmische, bräutliche Überraschung. Nach kaum einjähriger Frist erhielt ich die erfreuliche Botschaft, dass durch Befolgung meiner Anweisung der ersehnte Erfolg erzielt worden sei. Ich habe später den brieflichen Verkehr kurz abgebrochen, weil der Mann, für den vielleicht seine berufliche Stellung ein Hindernis war, sich dem Arzte seines Wohnortes anzuvertrauen, noch weitere ärztliche Ratschläge in Betreff seiner Geschlechtsschwäche von mir forderte und die Fortsetzung des brieflichen Verkehrs in derlei Angelegenheiten meinen Grundsätzen und meinem beruflichen Pflichtgefühl widersprochen hätte. Daher ist mir über den weiteren Verlauf der Dinge nichts bekannt geworden; aber genug an dem, dass schon meine obige ganz einfache und keineswegs spezifisch ärztliche Anweisung ein so schnelles und günstiges Resultat erzielt hatte. Man sieht daraus, wie es unter allen Umständen gut ist, ärztlichen Rat einzuholen. Zu schämen braucht sich dessen niemand; aus falscher Scham einen persönlich bekannten Arzt nicht zu Rate ziehen, ist ein großes Unrecht und zugleich unverständig, weil gerade eine längere und nähere Bekanntschaft den Arzt in die Lage setzt, den Fall gründlicher und richtiger zu beurteilen. Zudem ist ja jeder Arzt strengstens zum Stillschweigen über alles verpflichtet, was er in seiner Berufstätigkeit zu erfahren bekommt. Also fort mit aller falschen Scham in dieser Beziehung und den Arzt befragt, sobald etwas im Eheleben nicht richtig zu sein scheint.

b] Die Hinfälligkeit des erzielten Kindersegens hat ihren Grund teils in angeborener Schwäche der Kinder, welche wiederum entweder von Krankheits- oder Schwächezuständen der Eltern oder von ungünstigen Verhältnissen in der Leibesbeschaffenheit der Mutter und deren Lebens- und Ernährungsverhältnissen während der Schwangerschaft herrührt, teils durch die Behandlung der Kinder bei der Geburt und die mangelhafte oder unvernünftige Pflege derselben in der ersten Lebenszeit verursacht wird. Belehrungen und Vorschriften hierüber gehören nicht in den Rahmen dieses Büchleins; doch mögen sich alle jungen und unerfahrenen Eltern dringend gesagt sein lassen, dass ihnen der Rat sachkundiger und erfahrener Leute in dieser Beziehung höchst wertvoll und notwendig ist, und dass sie nicht auf albernes Altbasengeschwätz hören und demselben blindlings folgen dürfen, sondern zunächst die Hebamme, dann aber - und zwar so früh als möglich - den Hausarzt zu Rate ziehen müssen, um über die erste Pflege ihrer Kinder zuverlässige Anleitung zu erhalten.

c] Die ungünstige, d. h. den Wünschen der Eltern nicht entsprechende Verteilung des Geschlechtes der Kinder auf die Familie ist eine so wichtige und von den Ärzten so verschieden beurteilte Frage, dass dieselbe einer eingehenderen Besprechung bedarf. Sie wird daher im 4. Kapitel dieses Büchleins besonders behandelt werden.

d] Um endlich allzu reichlichen Kindersegen, welcher nicht nur dem Wohlstand der Familie, sondern auch der Gesundheit des Weibes gefährlich werden kann, nach Kräften zu verhüten, mache der Mann von der, von Gott ihm verliehenen Gabe des freien Willens in Ausübung des Beischlafes Gebrauch und verlege seine eheliche Pflichterfüllung in diejenige Zeit, welche zwischen zwei Monatsperioden in der Mitte liegt. Da diese Erwägung überhaupt erst an reifere Eheleute herantritt, so wird denselben die Enthaltsamkeit während der beiden Wochen, welche der Periode vorangehen und nachfolgen, nicht allzu schwer fallen.

Die falsche Heiligkeit könnte gegen diese Vorsichtsmaßregel allerdings das Bedenken einwenden, es werde durch ein solches Vorgehen der Ehezweck verhindert, derselbe sei demnach gegen den Willen Gottes gerichtet. Dieser Einwurf ist doppelt unwahr. Denn erstens ist die Fähigkeit des Weibes zur Empfängnis während der Reinigung am allergrößten, und folgerichtig müsste somit gerade dieser Zeitpunkt zur Begattung gewählt werden, wie dies bei den Tieren auch wirklich der Fall ist. Dass ein solches Vorgehen jedoch dem Gebote Gottes gerade zuwiderläuft, haben wir schon im vierten Kapitel des vorhergehenden Abschnittes vernommen. Zweitens ist aber die fruchtbare Begattung auch in dem eben angegebenen Zeitraume möglich [wenn auch nicht gerade sehr wahrscheinlich und jedenfalls nur in Ausnahmefällen]; ein Zuwiderhandeln gegen den Willen und die Allmacht Gottes ist somit von vornherein ausgeschlossen. Endlich ist aber jede Ausübung des Beischlafes ohne Nötigung durch den Geschlechtstrieb widernatürlich und daher sündhaft. Wenn nun aber ein gewissenhafter und liebevoller Mann an die verderblichen Folgen denkt, welche der Beischlaf für seine Frau und die Wohlfahrt seiner Familie haben kann, so muss dieses peinigende Bewusstsein mächtiger auf ihn einwirken als der Geschlechtstrieb. Er müsste während der Begattung selbst Gewissensbisse empfinden und sich des Missbrauches seines freien Willens und der Untertänigkeit seines Ehegemahls schämen. Unter solchen Umständen wäre aber die Vollziehung der Begattung - selbst dann, wenn der Geschlechtstrieb die Oberhand über das Gewissen behalten sollte, gewiss sündhafter und verdammenswerter als die Enthaltung vom Beischlaf. Aus diesem Grunde allein lässt es sich rechtfertigen, wenn neuere Ärzte zur Verhinderung der Befruchtung in Fällen, wo dieselbe für die Frau verderblich wäre [also z. B. bei Beckenfehlern, die den Geburtsakt lebensgefährlich erscheinen lassen und schon einen operativen Eingriff auf Leben und Tod nötig gemacht haben], eine reichliche und kräftige Einspritzung mit lauwarmem Wasser [21 °C] unmittelbar nach dem Begattungsakt, also jedenfalls vor geschehener Befruchtung mittels des Instrumentes von Pleiße, der Klystierspritze mit langem Mundstück oder eines großen Irrigators [Ausspülkännchens] empfehlen. Wie schon auf S. 76 bemerkt, hebt Wasser die Bewegungs- und Keimfähigkeit der Samenkörperchen auf; diese können daher nicht in den Eileiter vordringen und verlieren ihren befruchtenden Einfluss auf die Eier. Von einer Verhinderung des eigentlichen Zweckes der Begattung kann in diesem Falle wohl nicht die Rede sein, da die Erreichung dieses Zweckes durch den Zustand der Frau ohnehin schon von vornherein ausgeschlossen erscheint.

Unter keinen Umständen darf hingegen der drohenden Gefahr der Befruchtung eines geschwächten Weibes durch Unterbrechung des Begattungsaktes unmittelbar vor der Samenentleerung entgegengearbeitet werden.

Es ist dies die eigentliche Onanie, die Onans-Sünde,*) welchen Namen man eben nicht ganz richtig auf die Selbstbefleckung übertragen hat, und darum vom religiösen Standpunkt aus unbedingt verwerflich. Was das ärztliche Urteil über diese Sünde betrifft, so sagt schon der berühmte Hufeland:

---

*) 1. Buch Mos., 38, 4, 8-10.

„Es wird in beiden Faktoren des Zeugungs-Aktes, dem männlichen und dem weiblichen, eine Hemmung und Unterbrechung einer der wichtigsten organischen Funktionen bewirkt - eine Unterbrechung und Unterdrückung des von beiden Seiten aufgeregten und herzuströmenden Bildungstriebes und der ihrem höchsten Ziele zustrebenden Zeugungskraft mit den dazugehörigen Säften. Die Folge muss sein: Stockung, Zurücktritt und Anhäufung des Materiellen, rückgängige und in sich selbst zurückgedrängte Richtung des Bildungstriebes."

Aber auch die allgemeinen Folgen sind traurig. Das ganze Nervensystem wird heftig angegriffen, es entstehen Hypochondrie, Hysterie und alle Formen der Nervenkrankheiten.

So zeigt und bestätigt es sich auch hier, dass das Gesetz der Natur auch Gottes Gesetz ist, und dass jede Übertretung desselben auch zugleich Sünde ist und ihre Strafe nach sich zieht.

Hufeland erzählt folgenden Fall:

„Ein durch Stand eben so sehr, als durch edle,

religiöse Gesinnungen ausgezeichnetes Ehepaar, dessen Hausarzt ich war, war eine ziemliche Reihe von Jahren hindurch fast alle Jahre durch die Geburt eines Kindes erfreut worden. Seit einigen Jahren hatte dies aufgehört, und seitdem verfiel die Frau in mannigfaltige Nervenbeschwerden, hysterische Krämpfe des Unterleibes, die immer mehr zunahmen. Eine Menge Mittel fruchteten nichts. Auch der Gemahl fing an zu kränkeln. Endlich, als ich einst in einem vertraulichen Gespräch dem Gatten meine Verwunderung bezeigte, dass seine Frau nicht mehr schwanger würde, und meine Hoffnung, dass eine neue Schwangerschaft und glückliche Entbindung das beste Mittel ihrer Wiederherstellung sein würde, entdeckte er mir, dass er schon seit einigen Jahren, aus Furcht, dass eine Schwangerschaft seiner schon durch viele Wochenbetten angegriffenen Gattin schädlich werden könnte, und aus zärtlicher Schonung bei jedem Beischlafe die Empfängnis durch Entfernung verhütet habe, und dass ihn sein Gewissen treibe, nachzufragen, ob er daran Recht getan und ob er es fortsetzen könne? Ich erklärte ihm, dass es unrecht sei und dass, wenn er sich des ehelichen Umganges nicht ganz enthalten könne, es sowohl göttlich als menschlich sei, dem Gesetze der Natur freien Lauf zu lassen, nicht aber diese in einer ihrer heiligsten Geschäfte zu stören oder vielmehr zu betrügen. – Aber es war zu spät. Schon hatte sich bei der Frau unbemerkt eine Krankheit des Eierstocks erzeugt, welche sich nach einiger Zeit als deutliche Wassersucht desselben entwickelte und zuletzt den Tod herbeiführte.

Ähnliche Fälle sind mir nachher mehrere vorgekommen."

Soweit Hufeland. Ein ganz moderner Arzt, der Professor Mantegazza, sagt in seinem Werke „Die Hygiene [Gesundheitslehre] der Liebe" Folgendes: „Dieses Zurückziehen vor der Samenentleerung schadet dem Mann wie dem Weibe; von jenem fordert es gespannte Aufmerksamkeit, eine Ablenkung der Nervenspannkraft von dem natürlichen

Zielpunkte, wodurch Gehirn und Rückenmark immer einen schädlichen Stoß erleiden. In jenem höchsten Augenblicke sollten sich Gedanken, Willenskraft und Aufmerksamkeit in tiefer Bewusstlosigkeit befinden; stattdessen müssen die Nervenzentren ihre Kraft in einen zentrifugalen [vom Mittelpunkt wegstrebenden] und einen zentripetalen [nach den Mittelpunkt gerichteten] Strom teilen! Dadurch wird der Kraftverbrauch übermäßig und erschöpft den Organismus ... Auch die Frau leidet, wenn im Augenblicke der höchsten Erregung der Mutterhals nicht von dem wohltätigen warmen Tau der befruchtenden Flüssigkeit befruchtet wird. Es scheint, dass die durch die Bewegungen und wollüstigen Krämpfe der Umarmung in lebhafte Blutwallungen versetzten Geschlechtswerkzeuge noch lange im Zustande schmerzhafter Erregbarkeit bleiben. Wenn sich dergleichen zu oft wiederholt, können schleichende Metritis [Gebärmutterentzündung] oder Geschwüre des Collum [Mutterhalses] entstehen."

Die ärztliche Praxis weiß aber auch sonst noch von nicht wenigen Fällen zu berichten, wo diese Sünde allein, besonders bei Frauen, die blühendste Gesundheit zerstört, namentlich Nervenkrankheiten aller Art, von der gewöhnlichen Hysterie bis zu tödlichen Nervenkrankheiten und gefährliche, mit selbstmörderischer Verzweiflung kämpfende Schwermut hervorgerufen hat. Ebenso hat es nicht an Beispielen gemangelt, dass Ehemänner, nach längerem Treiben dieser Sünde, eine krebshafte Anschwellung der Hoden bekamen, welche eine schmerzliche Operation nötig machte und ein tödliches Ende nahm.

Muss doch unfehlbar auch das gesundeste Bäumchen durch ein Ersticken in den eignen Säften und Kräften am Ende absterben, wenn man ihm seine kräftigsten fruchttragenden Äste unnatürlich raubt; wie sollte nicht eine fruchtbare zeugungsfähige Frau diese mörderische Sünde zuletzt am eigenen Leben büßen müssen?

Nach diesen Darstellungen und Erfahrungen

wird hoffentlich nicht bloß Ärzten, sondern auch verständigen Laien über folgende wichtige Tatsache ein heilsames Licht aufgegangen sein:

Sehr viele Fälle, ja vielleicht die Mehrzahl derer, in denen man die Ursache der Kränklichkeit jüngerer, namentlich reicher und vornehmer Frauen in den bestandenen Wochenbetten sucht, sind von der Art, dass gerade die sündliche Vereitelung einer neuen Schwangerschaft die fortgesetzte Quelle eines oft so hartnäckigen Siechtums ist; dass daher die Vermeidung dieser Onans-Sünde das erste, und eine neue Schwangerschaft das zweite Mittel ist, wodurch eine noch nicht allzu sehr zerrüttete Gesundheit wieder herzustellen wäre.

Hieraus geht ferner für Laien die eindringliche Lehre hervor, die Schonung der Frau aus Gesundheits- und Familienrücksichten nicht aufs Geratewohl, und zwar unter keinerlei Umständen auf widernatürliche Art und ohne vorherige Beratung des Arztes Platz greifen zu lassen.

Viertes Kapitel.

Von der Selbstwahl des Geschlechtes der Kinder.

Sehr häufig kommt es vor, dass Eheleute ganz unglücklich darüber sind, dass ihnen nur Knaben oder nur Mädchen beschert werden und ihr Wunsch, ein Kind von bestimmtem Geschlechte zu erhalten, unerfüllt bleibt. Ein solcher Wunsch, wie berechtigt derselbe auch manchmal mit Rücksicht auf die Familienverhältnisse erscheinen mag, wäre sündhaft, wenn er sich gegen Gottes Fügung oder gegen die vom Schöpfer aufgestellten Naturgesetze wenden würde. Ist dies aber nicht der Fall, lässt sich vielmehr ein solcher Wunsch auf Grund der natürlichen Einrichtungen der Zeugungsorgane und mittels sachgemäßer Benützung dieser Einrichtungen erreichen, dann wäre es nicht christlicher Vorsehungsglaube, sondern türkischer Fatalismus*), wenn man nicht auf die Erfüllung desselben nach bestem Wissen hinwirken würde. So wenig wir es dem lieben Gott überlassen dürfen, dafür zu sorgen, was wir essen und trinken sollen, sondern unsere Körper- und Geisteskräfte selbst in Tätigkeit setzen müssen, um das tägliche Brot zu gewinnen, ebenso dürfen wir uns in irgendeiner andern - also auch in der hier in Betracht kommenden Angelegenheit - gedankenlos und untätig auf

*) Fatalismus, die bei den Mohammedanern bestehende Auffassung, dass alles menschliche Schicksal schon von vornherein unabänderlich festgestellt sei, und dass man durch eigenes Tun und Lassen nicht das mindeste an demselben ändern kann. Der Gegensatz zum christlichen Begriffe der göttlichen Vorsehung, welcher die Erhaltung und zielbewusste Lenkung der Welt, so wie die Mitwirkung des göttlichen Willens und der göttlichen Macht an dem Tun und Lassen der Geschöpfe in sich fasst, liegt auf der Hand.

die göttliche Fügung verlassen, wo uns eben durch Gottes Güte und Weisheit die Mittel an die Hand gegeben sind, selbsttätig einzugreifen.

Schon im Altertum haben sich die Ärzte vielfach mit der Frage beschäftigt, ob es in der Gewalt des menschlichen Willens liege, das Geschlecht des zu zeugenden Kindes von vornherein zu bestimmen. Auch in unserer Zeit wird diese Frage von Forschern und Ärzten ernsthaft geprüft und von vielen bejahend beantwortet. Allerdings gehen die Ansichten in diesem Punkte weit auseinander und stehen sogar teilweise in direktem Widerspruche gegeneinander. Die grundsätzlichen Verschiedenheiten der Auffassung lassen sich kurz darin zusammenfassen, dass von einer Seite angenommen wird, dass das Geschlecht des Kindes erst durch den Zeugungsakt oder gar erst während der Schwangerschaft [durch den Einfluss der Ernährungsverhältnisse und andere Umstände] bestimmt werde, während andere von der Ansicht ausgehen, dass dasselbe schon von Ursprung an,

d. h. in den Keimsubstanzen [Ei und Samen] festgelegt sei.

Die Vertreter der zuerst angeführten Lehrmeinung spalten sich wieder in mehrere Gruppen, und zwar zunächst in solche, die den Zeugungsakt als entscheidend für das Geschlecht des gezeugten Kindes betrachten, und in solche, welche die Geschlechtsentwicklung in die Zeit der Schwangerschaft verlegen. Für die Ansicht der letzteren scheint die Tatsache zu sprechen, dass das Geschlecht an der in der Entwicklung begriffenen Leibesfrucht [Embryo] erst in einem späteren Entwicklungsstadium [im dritten Monate der Schwangerschaft] überhaupt erkennbar wird und dass sich die Geschlechtsorgane aus völlig gleicher Grundanlage heraus entwickeln; doch ist der Beweis nicht stichhaltig, denn der Umstand, dass wir mit unsern unvollkommenen Forschungsmitteln und an einem Material, das größtenteils nur aus Tierversuchen herrührt, die Unterschiede der Geschlechtsanlage nicht zu erkennen vermögen, beweist noch lange nicht, dass solche Unterschiede überhaupt nicht vorhanden sind. Was die Meinung anbelangt, dass der Zeugungsakt entscheidend für das Geschlecht der Frucht sei, so beruht diese auf der Anschauung, dass der Zeugungsakt nach der modernen Theorie vom „Kampf ums Dasein“ nichts anderes sei, als ein Kampf der beiden daran beteiligten Geschlechter um den Sieg. Dieser Kampf wird von den einen als ein mehr physischer, als ein Kampf der Zeugungskeime gegeneinander, von den andern als ein mehr geistiger, ein Kampf des persönlichen Willens der Zeugenden aufgefasst. Die Ansicht der ersteren ist bis auf Hippokrates zurückzuführen, welcher dem kräftigeren Samen die Erzeugung einer männlichen, dem schwächeren die einer weiblichen Frucht zuschrieb. Das menschliche Ei sucht nach dieser Theorie unter allen Umständen das Geschlecht der Mutter durchzusetzen und der männliche Samen muss daher an Kraft entschieden überlegen sein, um dem Geschlechte seines Erzeugers zum Siege zu verhelfen. Da der Samen durch

J. COUTURIER
31. Bd BEAUMARCHAIS
Photographie de l'Époque

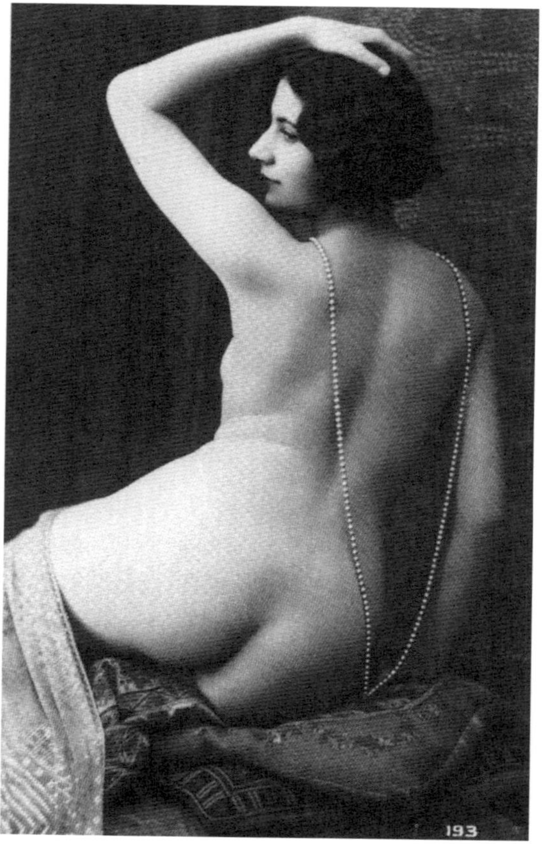
193

längere Ansammlung sowohl an Menge wie an Reife gewinnt, so würde sich aus dieser Anschauung einerseits der Lehrsatz der „gleichgeschlechtlichen Vererbung", d. h. der Bestimmung des Geschlechtes der Frucht durch die stärkere Zeugungskraft des im Zeugungskampfe obsiegenden Teiles, andererseits die nachstehende, u. a. auch von Professor Bock aufgestellte Regel herleiten lassen: „Um Knaben zu erzeugen, muss der Beischlaf nur selten [etwa alle zwei Wochen einmal] ausgeübt werden, während zur Erzeugung von Mädchen eine häufigere Beiwohnung [etwa 4-5-mal die Woche] erforderlich erscheint." Die oft beobachtete Tatsache, dass das erstgeborene Kind eines jung verheirateten Paares ein Mädchen ist, scheint für diese Theorie zu sprechen, da im Beginn der Ehe die Beiwohnung gewöhnlich weit häufiger stattfindet als später.

Im Gegensatz zu der Theorie von der „gleichgeschlechtlichen Vererbung" stehen diejenigen, welche dem so genannten Zeugungskampfe einen mehr geistigen, d. h. durch den persönlichen Willen der

Zeugenden bestimmten Charakter beilegen und deren Theorie als diejenige der „gekreuzten Geschlechtsvererbung" bezeichnet wird. Nach dieser Theorie soll der im Zeugungskampfe obsiegende, also die stärkere Zeugungskraft besitzende Teil, nicht sein eigenes Geschlecht auf die Frucht übertragen, sondern dasjenige des besiegten Teiles. Man will diese Anschauung damit begründen, dass Wille und Vorstellung im Zeugungsakte nicht auf die eigene, sondern vielmehr auf die Person des geliebten Gegenstandes gerichtet sei, dem die eheliche Umarmung gilt. Bemerkenswert ist, dass die oben erwähnte Erfahrungstatsache, dass die erste Frucht junger Ehen sehr häufig weiblichen Geschlechtes ist, eben sowohl für die Theorie der gleichgeschlechtlichen wie für diejenige der gekreuzten Geschlechtsvererbung als beweiskräftig in Anspruch genommen werden kann. Bei dem jungfräulichen Weibe ist, wie schon früher erwähnt, der Geschlechtstrieb in der Regel weit schwächer entwickelt als beim Manne, dem also in der jungen Ehe von vorneherein der Sieg im „Zeugungskampfe" gesichert ist; findet also schon in den ersten Umarmungen eine Befruchtung statt, so muss sie – nach der Theorie der gekreuzten Geschlechtsvererbung – ebenfalls eine weibliche Frucht ergeben. Dass diese Tatsache für den Wert keiner der beiden Theorien sonderlich spricht, ist ziemlich einleuchtend.

Nichtsdestoweniger mag jeder derselben ein Körnlein Wahrheit innewohnen, und mir selbst sind aus meiner hausärztlichen Praxis und den Mitteilungen älterer, mit zahlreicher Familie gesegneter Eheleute Fälle bekannt, die sowohl für die eine wie für die andere Theorie zu sprechen scheinen. Aber das tatsächliche Eintreffen einer erwarteten Wirkung beweist keineswegs, dass die Voraussetzungen, unter denen diese Wirkung von vorneherein erwartet worden war, auch richtig gewesen sein müssen; wenn sich zum Beispiel jemand als 13. zur Tafel setzt und es stirbt bald darauf einer von den 13, so ist damit doch sicherlich nicht bewiesen, dass dieser Todesfall seine Ursache in der Missachtung des bekannten Vorurteils gegen die Zahl 13 hat; ja selbst ein wiederholtes Eintreten von Todesfällen unter gleichen Umständen würde diesen Beweis nicht herzustellen vermögen. Man nennt eine Beweisführung, die sich auf eine große Zahl gleichartiger Erfahrungen stützt, empirisch [von dem griechischen Worte „Empirie", s. v. w. Erfahrung]. Naturforscher und Ärzte sind häufig auf den empirischen Weg angewiesen, um aus der Übereinstimmung einer möglichst großen Summe von Erfahrungen mit einer möglichst geringen Zahl von Ausnahmen zur Begründung eines Gesetzes und zur Aufstellung einer Theorie zu gelangen, und oft wird eine auf solchem Wege entstandene Lehrmeinung durch eine noch größere Reihe weiterer Erfahrungen wieder über den Haufen geworfen. Ich selbst habe mich lange Zeit zu der oben erwähnten, unter anderem auch von Prof. Bock vertretenen Theorie der gleichgeschlechtlichen Vererbung bekannt und deren praktische Nutzanwendung für richtig gehalten; heute bin ich dagegen mehr geneigt, eine andere Auffassung der Frage als die zutreffendere anzusehen.

Dieser Auffassung gemäß wäre die Geschlechtsbestimmung bereits in den Keimsubstanzen gelegen, d. h. es gäbe zwar nicht männliche und weibliche, aber doch zur Entwicklung zur männlichen oder weiblichen Geschlechtsbildung von vornherein veranlagte Samenkörper und Eier, welche in den Hoden bzw. den Eierstöcken gesondert bereitet werden, nämlich die männlich veranlagten Keime im rechtsseitigen, die weiblich veranlagten im linksseitigen Hoden und Eierstock, eine Annahme, die nicht nur durch zahlreiche Tierversuche, sondern auch durch ärztliche Beobachtungen am Menschen bekräftigt erscheint.*)

*) Männer, die einseitig verschnitten wurden, zeugten darauf nur Kinder von einerlei Geschlecht; ebenso Frauen mit einseitig entartetem Eierstock Schwangerschaften, bei denen das Ei nicht bis in die Gebärmutter gelangt, sondern im Eileiter sich zur Frucht entwickelt, ergaben, wenn sie im rechtseitigen Eileiter entstanden, Knaben, im

Der Küster Joh. Christ. Henke in Hildesheim stellte, wie er in seinem 1786 in Braunschweig erschienenen Buche „Völlig entdecktes Geheimnis der Natur sowohl in der Erzeugung des Menschen als auch in der willkürlichen Wahl des Geschlechtes des Kindes" berichtet, mit Kaninchen, Hunden und Schweinen zahlreiche Versuche von Kreuzungen an, zu denen teils einseitig verschnittene, d. h. eines Hodens oder Eierstockes beraubte, teils vollgeschlechtliche, also nicht verschnittene Männchen und Weibchen benützt wurden. Diese Versuche ergaben, dass aus der Paarung linksseitig verschnittener mit linksseitig verschnittenen oder vollgeschlechtlichen Tieren nur Männchen, aus der Paarung rechtsseitig verschnittener mit ebenso ver-

linksseitigen Mädchen. Nach einer Zwillingsgeburt mit tödlichem Ausgang fand man bei der Sektion an jedem Eierstock einen gelben Körper [vergl. S. 79] als Zeichen, dass von jedem eins der befruchteten Eier sich abgelöst hatte; linksseitig in der Gebärmutter lag das weibliche, rechtsseitig das männliche Kind.

schnittenen oder vollgeschlechtlichen Tieren nur Weibchen erzielt wurden, während die Paarung gleichseitig verschnittener Tiere stets unfruchtbar blieb. Henke zog aus dieser Tatsache den Schluss, dass nur gleichgeschlechtlich veranlagte Keime [also die Samenkörperchen aus dem rechtsseitigen Hoden mit den Eiern des rechtsseitigen Eierstockes und die Samenkörperchen aus dem linksseitigen Hoden mit den Eiern des linksseitigen Eierstockes] eine fruchtbare Verbindung eingehen können und dass somit das ganze Geheimnis der willkürlichen Geschlechtszeugung darin bestehe, auf Beförderung des Samenergusses aus demjenigen Hoden hinzuwirken, dessen Inhalt für Erzeugung des gewünschten Geschlechtes veranlagt ist [also aus dem rechtsseitigen, wenn ein Knabe, aus dem linksseitigen, wenn ein Mädchen gewünscht wird].

Der französische Arzt Millot fand diese Ansicht wissenschaftlich begründet und forderte, dass das Weib, um ein bestimmtes Geschlecht zu zeugen, während des Zeugungsaktes das Becken in eine nach der Seite des zu befruchtenden Eierstockes geneigte Lage bringe. Ein solche Lage wird sich aber von selbst ergeben, wenn die eheliche Umarmung von der Seite her erfolgt, auf welcher der zu befruchtende Eierstock gelegen ist, also, wenn ein Knabe erzeugt werden soll, von der rechten, wenn die Frucht weiblich werden soll, von der linken Seite her. Wird während des Aktes die nach dieser Seite geneigte Lage beibehalten, so wird die Samenergießung nach dem betreffenden Eierstocke hin entschieden begünstigt; zugleich aber wird der auf der entgegengesetzten Seite liegende Hoden [also bei rechtsseitiger Senkung des weiblichen Beckens der rechtsseitige Hoden und umgekehrt] frei liegen, während der andere gegen den Schenkel gedrückt wird. Da sich nun, wie festgestellt zu sein scheint, beim normal verlaufenen Zeugungsakte der Samen nur aus einem Samenbläschen entleert, so wird der freiliegende Hoden leichter auf das ihm zugehörende Samenbläschen einwirken und es zur Entleerung bringen können als der andere, der durch seine gedrückte Lage gewissermaßen unterbunden ist. Es wird also bei dieser Lage die Befruchtung des entsprechenden Eierstockes mit dem hinsichtlich der Geschlechtsveranlagung gleichartigen Samen nach beiden Seiten hin begünstigt.

Millot führt zur Bekräftigung seiner Anschauungsweise mehrere Beispiele an, die zugleich beweisen, dass die gewöhnliche Lage der Gatten im Ehebette schon an und für sich das Eintreffen derjenigen Voraussetzungen vermittle, welche nach dem Obengesagten eine bestimmte Geschlechtsentwicklung der Frucht, wenn nicht bestimmt herbeizuführen, so doch wesentlich zu begünstigen vermögen. Mit anderen Worten: Wenn der Mann sein Bett rechts neben demjenigen der Frau stehen hat oder wenn das Bett der Frau mit der linken Flanke an der Wand steht, sodass der Mann seinen ehelichen Besuch von der rechten Seite her abstatten muss, so wird die Zeugung eines Knaben, im umgekehrten Falle die Zeugung eines Mädchens begünstigt.

Mit Millot stimmen mehrere Ärzte unserer Zeit übereín, so namentlich der Kais. russ. Staatsrat Dr. Ed. Seligson*), welcher in einem im Verein praktischer Ärzte zu Moskau gehaltenen Vortrage über willkürliche Zeugung von Knaben oder Mädchen bemerkte, dass er in den meisten Fällen ohne Wei-

---

*) Seligsons Vorschrift lautet wörtlich: „Um einen Knaben zu zeugen, muss der Mann rechts von seiner Frau liegen, von dieser Lage aus die Umarmung beginnen und womöglich die rechte Seite des Oberkörpers dadurch spannen, dass der obere Teil des Leibes mehr nach links zu liegen kommt, also der Kopf auf die rechte Schulter der Frau gestützt. - Um ein Mädchen zu zeugen, muss der Mann links von der Frau liegen und von dieser Seite aus die Umarmung beginnen, wobei darauf zu achten ist, dass die linke Körperhälfte mehr nach rechts, also der Kopf des Mannes auf die linke Schulter der Frau zu liegen kommt." Es versteht sich von selbst, dass die Begattung auf ein und dieselbe Art wiederholt werden muss, bis sichere Beweise der Schwangerschaft vorliegen, da man nicht wissen kann, welcher Zeugungsakt der befruchtende sein wird.

teres aus der Lage, welche die Gatten im Ehebette zueinander einnehmen, die Geburt eines Knaben oder Mädchens habe vorhersagen können. Von 149 Familien, in denen 273 Knaben und 268 Mädchen geboren wurden, sei seine Voraussage nur bei fünfen mit 11 Knaben und 12 Mädchen, also bei 3 1/3 Prozent der Familien und 4 1/4 Prozent der Kinder, nicht eingetroffen. Dabei ergab sich die Tatsache, dass in Familien, die bis dahin nur Kinder einerlei Geschlechtes hatten, eine Änderung eintrat, wenn sie auf Reisen gingen oder ihre Wohnung wechselten und die Stellung der Betten dann eine andere wurde. Die Angaben Seligsons veranlassten mich, mein eigenes Eheleben aus diesem Gesichtspunkte einer Prüfung zu unterziehen, und zu meiner Überraschung fand ich, dass das nach der Altersreihenfolge ziemlich bunt abwechselnde Geschlecht meiner Kinder [2 Mädchen, 3 Knaben, 1 Mädchen, 2 Knaben] ganz genau jenen Angaben, d. h. der Stellung der Betten in den verschiedenen Wohnungen, entsprach. Ältere verheiratete Leser dieses Buches mögen nun auf Grund ihrer eigenen Erfahrungen ermitteln, inwieweit sie diese Anschauung als zutreffend befinden, und daraus erforderlichen Falles für sich selbst und ihre Kinder, Pflegebefohlene oder Freunde Rat und Hilfe schöpfen.

Schlusswort.

Die eheliche Pflicht christlich und ärztlich zu beleuchten – das war die Aufgabe, die ich mir beim Niederschreiben dieses Büchleins gestellt habe und die ich nach bestem Wissen und Können im Vorhergegangenen zu erfüllen bestrebt war. Als Christ habe ich versucht, die Bedeutung des heiligen Ehebundes im Lichte der göttlichen Offenbarung, der Lehren und Vorschriften unserer Religion klarzulegen; als Arzt war ich bemüht, dem Laien ein richtiges und anschauliches Bild von der Einrichtung der beim Ehe-Werke in Betracht kommenden Organe zu geben und meine Leser und Leserinnen über die Funktionen dieser Organe und ihre zweckdienliche Anwendung zu belehren, auf die Vorteile eines vernünftigen und die leiblichen und geistigen Schäden eines unvernünftigen Ehelebens aufmerksam zu machen. Dass Arzt und Christ sich nicht als Gegensätze zueinander verhalten sollen, ist wohl selbstverständlich; auch bei der Behandlung des wissenschaftlichen Teiles meiner Arbeit war ich vom christlichen Geiste beherrscht, und dieser Geist wird - so hoffe ich - auch meine christlich gesinnten Leser und Leserinnen beherrschen; sie werden nicht bloß die wenigen Kapitel, die der Betrachtung des Ehelebens aus dem Gesichtspunkte des Glaubens und der christlichen Lehre gewidmet sind, sondern auch die naturwissenschaftlichen und ärztlichen Abschnitte derselben in dem christlichen Sinne aufnehmen, in dem sie geschrieben sind, und mit dem Verfasser die göttliche Weisheit, die in den hier behandelten Natureinrichtungen sich offenbart, in gleicher Ehrfurcht erkennen und bewundern wie all die anderen Wunder der Schöpfung, seien es die leuchtenden Welten im unermesslichen Himmelsraum oder die winzigen Lebewesen, die ihr Dasein in einem Wassertropfen oder auf einem Staubkorn fristen.

Besonders bei dem weiblichen Teile meines Leserkreises setze ich das richtige Verständnis gerade für diese Abschnitte meines Buches voraus; denn hier trifft das Sprichwort: „Dem Reinen ist alles rein" noch am häufigsten zu. Ich hatte oft genug Gelegenheit, Medizin studierende Mädchen und Frauen im Anatomiesaale beim „Präparieren" [Zergliedern] männlicher Leichen zu beobachten, und freute mich stets über das völlig unbefangene, natürlich-anständige Wesen, das sie dabei an den Tag legten. Es ist ein schlimmer Irrwahn in unserem Erziehungswesen, dass wir namentlich dem weiblichen Geschlechte gegenüber jede Aufklärung über Geschlechtsverhältnisse ängstlich vermeiden; denn gerade das angeborene Zartgefühl des Weibes macht dieses besonders geeignet zur richtigen Auffassung dieser Verhältnisse; deren Unkenntnis aber hat schon manches Mädchen in eine unglückliche Ehe getrieben, weil es die Gattenliebe ganz anders verstanden hatte, als sie sich ihm im Ehebette enthüllte, und weil die eheliche Pflicht, über die man es bis dahin in völliger Unwissenheit gelassen hatte, ihm dann als ein sündhafter Gräuel erschien.

Ich habe schon im Vorwort mit besonderer Genugtuung die Tatsache betont, dass mein Buch namentlich von Seite würdiger Frauen die beifälligste Aufnahme gefunden hat und schöpfe aus diesem Umstande die zuversichtliche Hoffnung, dass es mit der Hilfe Gottes seinen Zweck nicht verfehlen werde.

Stimmen der Presse und andere Zeugnisse.

Das Gebiet des Geschlechtslebens in der Ehe enthält eine der heikelsten Aufgaben, die unter Umständen an den Seelsorger oder Erzieher herantreten kann. Ist es doch noch immer eine offene Streitfrage zwischen Ärzten, Pfarrern und Pädagogen, ob zur gegebenen Zeit vorbeugend und schützend angehenden und bereits verheirateten Ehepaaren Unterweisung und Rat zu bieten ist oder nicht. Jedenfalls kann demjenigen, der glaubt reden zu müssen, das angezeigte Büchlein zur eigenen Belehrung empfohlen werden. Er wird aus eigener Kenntnisnahme seines Inhalts ermessen, ob er es für geeignet findet, dasselbe den zu Belehrenden selbst in die Hand zu geben. Hier kann nur gesagt werden, dass es in durchaus würdiger Weise, durchaus christlichem Denken und Fühlen angemessen, das fragliche Gebiet behandelt. Das Erscheinen der fünften Auflage beweist zur Genüge seinen Werth." E. S.
EV. GEMEINDEBLATT S. D. HERZOGTHUM BRAUNSCHWEIG.

Dieses Büchlein hält voll und ganz, was sein Titel verspricht und ist nach Form und Inhalt wohl geeignet, das Bedürfnis einer nicht bloß ärztlichen, sondern auch christlichen Beleuchtung der Ehe zu befriedigen, da in ihm ein äußerst wertvoller Schatz wahrhaft frommer Christengesinnung und praktischer ärztlicher Erfahrung niedergelegt ist. Wir schließen uns deshalb dem Verfasser von Herjen an, wenn er sagt: „Darf sich das Gemeine und Niedrige offen auf dem Markte zeigen und Vorteil daraus ziehen, weshalb sollte die reine christlich-tugendhafte Gesinnung ihr Licht verschämt unter den Scheffel stellen? Kommt und prüfet, ruft sie vielmehr im Bewusstsein ihrer sittlichen Stärke der Öffentlichkeit zu; kommt und prüfet, Ihr alle, denen es um Euer eigenes, wie um das Glück Eurer teuren Kinder oder Pflegebefohlenen zu tun ist!"

DER „PFARRBOTE"
F. D. EVANGEL. GEISTLICHEN DEUTSCHLANDS UND OESTERR. UNGARNS 1894 NR. 9.

„Ein Büchlein, das in sehr dezenter Weise und in durchaus christlichem Sinne von Dingen redet, die sonst für fast unnahbar heikel gelten und in der Tat auch sehr behutsam behandelt sein wollen. Und doch ist eine Besprechung darüber – in der rechten Weise und im Lichte des Wortes Gottes – wahrlich nicht überflüssig. Im Gegenteil! Manch weiser, wertvoller Rat könnte da erteilt, manch schwere Last vielleicht gehoben oder erleichtert; vor manch hässlichen Sünden [das auch schändlich ist, zu sagen, Eph. 5, 12] könnte gewarnt

werden. Wir geben dem Verfasser das Zeugnis, dass er als ernster Christ gesprochen hat und dass sein herzliches Wohlwollen dem Leser auf jeder Seite deutlich entgegentritt."
MITTH. AUS DEM GEBIETE DER CHRISTLICHEN LITERATUR, REDIGIERT VON PASTOR A. RICHTER, NR. 5 VOM 8. AUGUST 1895.

Nicht eingeforderte Originalzeugnisse, welche jederzeit eingesehen werden können:
„Es gebührt diesem in nobelster Weise geschriebenen Werkchen die weiteste Verbreitung unter den Eheleuten. Ich möchte sogar noch weitergehen und fordern, dass von Staatswegen in dessen wohlerwogenem eigenen Interesse jedem Hochzeitspaar dieses gediegene Werkchen offiziell zugestellt werde. Wie unendlich viel Elend, Kummer, Krankheit und sonstige Sorgen könnten doch damit vermieden werden." PFR. S. IN J.

„Ihr treffliches, von wahrem sittlichen Geist getragen Buch ..."
PFR. B. IN R.

En ayant pris connaissance de votre livre et le trouvant en rapport avec la Parole de Dieu et ma conscience, je vous prie de m'en expédier deux exemplaires. MME. H. J. À GENÈVE.

Inhaltsverzeichnis.

Dritter Teil:
Vom Ehe-Unglück, dessen Ursachen und Heilmitteln.